中国青少年枕边书

ZHONGGUO QINGSHAONIAN
KEXUE TANSUO DABAIKE

中国青少年
科学探索
大百科

总策划／邢 涛　　主 编／龚 勋

ASIMO

HONDA

人民武警出版社

快乐认知　享受阅读

世界儿童基金会　林玉富

孩子们到了上小学前后的年龄，开始接触各种各样的知识。这些知识进入他们头脑的方式和远程，会对他们今后的思维模式、审美习惯以及判断能力等方面产生决定性的影响。

家长在这个关键阶段应该把握好培养孩子的绝佳机会。一套优秀的少儿读物，在此时就能给家长帮上很大的忙，解决很大问题。比如这套"中国青少年枕边书"。翻开书页，你会发现这套书的整体设想既成熟又新颖：从知识结构上囊括了自然科学和人文科学的各个主要领域，让孩子在知识建构的基础阶段全面吸收有益营养；从体例设置上将严肃刻板的知识点巧妙拆解，独具创意地组合成吸引孩子主动动脑、立体思维的版面样式；针对孩子的注意力难以长时间集中的特点，这套书的每一段内容便精心设成刚好适合孩子有效阅读的科学长度，在设计上巧妙地将文字、色彩和图形结合，让孩子阅读时始终处于轻松快乐的阅读环境之中。

丰富有趣的知识内容、灵活新颖的学习方式，让孩子们逐渐形成良好的阅读习惯，培养开放式的思维模式，在未来社会的国际化竞争中永远领先！

审定序
SHEN DING XU

全面培养　均衡发展

中国儿童教育研究所　陈勉

少儿时期相当于一个人"白手起家"的时候，每一分收获都无比宝贵，印象深刻。虽然后来又不断上学系统学习，成年人真正用上的知识其实很多都是少儿时期的"原始积累"。所以这一时期孩子读到的东西，必须是高质量的。

这套"中国青少年枕边书"着眼点在于孩子的"成长"，在编撰时较好地照顾了孩子的接受程度。知识虽是好东西，但也非越深越好，过深的内容孩子吸收不了，反而容易产生厌倦或畏惧，知识也会成为死知识，并不能对孩子的心智健康成长有所帮助。适合孩子的才是最好的。

这套书是一个全面、完整的综合性系列，共有三十多种，内容上既囊括了宇宙奥秘、动物世界、历史文明等百科知识，又有塑造孩子健全人格、培养孩子优良品德的中外经典故事。这些内容充分满足了孩子心智发育成长中所需要的各种养分，使孩子能够健康、均衡发展；具体材料的选取上，从历史观点到科学理论，充分利用各个领域最新的学术成果、最新的信息数据，让孩子能够紧跟世界发展的脚步。这样的少儿读物，值得让孩子认真阅读，收获一定不小。

前言
QIAN YAN

随着历史的发展和文明的进步，人们在科学、技术等方面已取得了长足的进步。从饮食起居到休闲娱乐，从海底探险到太空遨游……这一切无不显示出人类开拓探索的精神，渗透着人类智慧的光芒。为了让少年读者们了解人类探索与智慧的成果，我们精心编写了《中国青少年科学探索大百科》一书，它将引领渴求知识的少年朋友们去探索丰富多彩的自然科学世界。

本书对从宇宙到地球，从生态环境到动植物界和神秘的人体，从理化原理到科技产品及科学技术的许多知识，都做了生动直观的科学解释。全书采用简明通俗的语言、内容丰富严谨的知识体系、图解的方式，来分析无处不在的科学原理，让少年朋友们在饶有兴味的阅读中发现世间万物蕴藏着的奥秘，同时深刻地感悟科技的神奇。

相信阅读本书后，少年朋友们的知识面会大大拓展，你们一定会对科学产生感性的认识，会更加热爱科学！现在就让我们翻开本书，一起来大开眼界吧！

如何使用本书

《中国青少年科学探索大百科》是一部适用于少年儿童学习科学知识的科普读物，全书采用图文并茂的形式，用生动浅显的语言阐述科学的本质，让读者在轻松有趣的气氛中掌握科学知识。本书共分六个篇章：浩瀚宇宙、美丽地球、多彩生物、奇妙人体、化学物理、神奇科技。

书眉

双数页码的书眉标示出书名，单数页码的书眉标示每一章的名称。

主标题

用简洁精炼的文字提供当前页的主题内容。

主标题说明

主标题的具体解释，引出全篇内容。

辅标题

围绕主标题展开的知识点。

辅标题说明

详细说明辅标题的知识点，是主标题说明的深入。

中国青少年 科学探索大百科

忠实的守卫者——月球

月球是地球唯一的卫星，它在距地球约38.5万千米的地方绕地球运行，忠实地守卫着地球。1969年7月21日，美国航天员阿姆斯特朗登上了月球，在月球上留下了人类第一个脚印。由于月球上没有风雨现象，所以这个脚印永久地留在了上面。

这是人类在月球上留下的脚印。

哥白尼环形山

哥白尼环形山是月球上最突出的环形山之一。其山壁有像台阶一样的台地，直达环形山的底部。

月海

由凝固的熔岩构成的盆地，称为"月海"。但是，月海里面没有一滴水。在月亮上，这样的盆地有22个。

月球的表面

月球形成至今大约已有40亿年了。当它形成固体外壳之后，就不断遭到来自宇宙空间陨星的撞击，大大小小的陨星撞击月球的结果，就是在月面上留下了许多环形山。月球表面那些看起来稍暗的地方，被称之为"月海"，是一些低洼的平原。月球表面没有大气，处于真空状态。月球上没有生命、花草，也没有声音。

月球表面有着众多被星体撞击形成的环形山。

篇章页

对本章的主要内容作简要的介绍，并用整幅的生动图片带读者走进这个篇章所要讲述的科学领域。

第一章
STUDENTS BOOKS
浩瀚宇宙
HAOHAN YUZHOU

宇宙都有数也数不清的家族成员，我们在夜空下看到的满天星星只是宇宙大家庭中的一小部分。宇宙大家庭中还有众多的星星人类没有观测到的。随着航天技术的发展和先进的天文仪器的出现，人类探索宇宙的脚步伸向更广袤的宇宙空间。无边无际的宇宙中究竟还有什么秘密？计许多多的谜题都等待去揭开、翻开本书，开启探秘的第一步！

浩瀚宇宙 🌏

环形山
　　环形山是月球表面最为显著的地貌特征。山的中央有一块圆形的平地，外围是一圈隆起的山环，内壁陡峭，外坡平缓。环形山的高度一般为7~8千米。

亚平宁山脉
　　亚平宁山脉是月球上最长的山脉，蜿蜒640千米。

月陆
月球表面高出月海的地区叫作"月陆"。

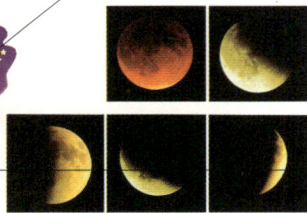

此图展示了月食的过程。

图片说明

　　对图片进行说明的注释性文字，拉线图注精确地标明图片该部位内容的名称及注释性文字。

卡通图

　　形象活泼，丰富版面内容，带来不一样的阅读乐趣。

图片

　　与所讲内容相关的图片，对相关内容作必要的补充和说明，帮助读者直观地理解文字表述的内容。

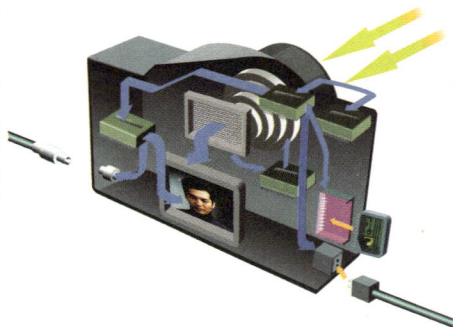

月球的运动

　　月球的运动十分复杂。月球时刻在椭圆轨道上围绕地球公转，同时月球也在自转，并与地球一起绕太阳公转。由于月球的自转与公转同步，因此月球总以同一面对着地球，我们年复一年看到的月亮总是月球对着地球的那一面的景色。月球的运动造成了日食和月食现象，此外，月相的变化也与月球运动有关。

地球
太阳
月球
月球的运动包括自转、公转和围着太阳转动几个方面。

目录
MU LU

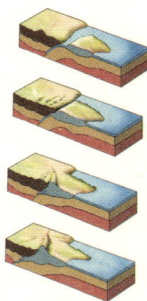

第一章

STUDENTS BOOKS

浩瀚宇宙

HAOHAN YUZHOU

　　宇宙拥有数也数不清的家庭成员，我们在夜空下看到的满天星星只是宇宙大家庭中的一小部分。宇宙大家庭中还有众多的成员是人类没有观测到的。随着航天技术的发展和更先进的天文仪器的出现，人类探索宇宙的触角将伸向更广袤的宇宙空间。无边无际的宇宙中究竟还有什么奥秘？许许多多的谜题都等你去揭开。翻开本章，开启探秘的第一步！

遥望太空

古往今来，人们一直想知道地球之外还有什么。其实在地球之外存在许多天体，有些五颜六色，巨大无比；有些遥不可及，神秘莫测。虽然天体各不相同，但是它们都是运动的。而在运动的天体之间，都有巨大的空隙，我们称之为"太空"。人们有的时候也用太空来指代地球之外的任何物体。

浩瀚的太空一直吸引人们去探索其中的奥秘。

疏散的星团看上去很漂亮。

宇宙空间不规则的星云是形成星系、恒星、行星的基本物质。

星云

在引力作用下，宇宙中一些气体和尘埃互相吸引形成云雾状，大家形象地把这些区域称作星云。它们的形状和明亮程度都是不一样的。

星团

和我们一样，天上的星星也有自己的家——星团。星团是一个大家庭，里面一般都有10个以上的兄弟姐妹，它们都有一个很好听的名字：恒星。

太空里有什么

太空里稀疏地分布着行星、卫星、恒星、星团、星云以及穿行于太空中的星系等，不过太空中的大部分地方处于真空状态，也就是说那里什么物质也没有。在太空，没有细菌，没有光，也没有风，所以，太空中多数地方看起来一片漆黑。晚上，我们在夜空中看到的大部分比较明亮的小点点其实是太空中的恒星。

这些闪亮的点是恒星，恒星间的广大空间内是一片黑暗。

黑暗寂静的世界

光线是可以在太空中传播的。我们所能见到的光线来自太空中的星体，我们能看到光是因为光线在传播过程中遇上别的物质而被反射了。太空中很多地方处于真空状态，不会形成反射，所以太空看上去是黑暗的。另外，在太空中，因为没有空气，声音不能被传播，到处一片寂静，即使你在太空大声喊叫，对面的朋友也不会听到任何响动。

星系

星系是由几十亿到几千亿颗恒星以及星际物质组成的。它们大小不一，按形状可划分为椭圆、透镜、旋涡、棒旋和不规则5种。

星体

星系里包括不同星龄的星体。它们有的像太阳一样，能够发光发热，这是恒星；有的围绕恒星运转，不能发光，这是行星。

璀璨的银河系

晴朗的夜晚，抬头仰望天空，好像有一条白茫茫的光带横贯繁星点点的夜空，这条光带就是银河。传说中，银河是王母娘娘用玉簪画下的天河。其实，银河并不是天上的河流，银河星系里面有许许多多颗星星。由于这些星星离我们实在太遥远了，所以看上去白茫茫的一片，好像一条河。

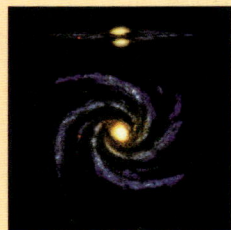

从银河系外的不同角度来观看，银河系的形状是不一样的。

银核

银核是银河系中央略微凸起的部分，形状像一个皮球，会发出很强的光。

太阳在银河系中的位置

太阳远离银河系的中心，距离银心2.3万光年。

图为相机拍摄的银河，它展现了人们观察到的天空中的银河的样子。

银河系里有什么

银河系并不是一个单独的、固定的天体，它由众多的恒星以及气体、尘埃等星际物质组成。银河系中众多繁星的光形成了银河，成为环绕夜空的外形不规则的发光带。银河系的绝大多数恒星都集中在银河星系扁平的圆盘内，气体、尘埃和年轻的恒星都分布在银河系的旋臂位置。我们所在的太阳系就位于距银河系中心的一条旋臂上。

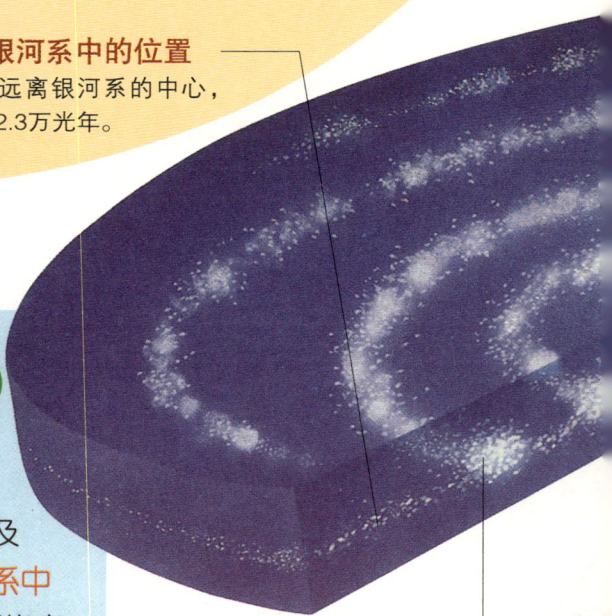

银河系中的恒星

银河系妈妈约有1400亿个恒星儿女，它们年龄有小有大，年龄小的聚集在银盘附近运动，年龄大的则在银核和银晕中运动，大家开开心心地围绕在妈妈的身边。

银河系怎样运动

从地球上看，银河看起来像一条长长的飘带。

银河系内所有的天体都在围绕着银河系的中心转动，这种运动是银河系的自转。银河系每个区域的自转速度都存在着差异，如银心附近和银盘边缘的自转速度较慢，而太阳系附近的部分自转速度最快。银河系除了自转外，还以211米/秒的速度在宇宙空间中沿着一条复杂奇妙的路线运动，这是银河系的公转。

银晕

银晕是一些密度很低、年龄较大的恒星组成的弥散在银盘周围的一个球状区域，它的直径约9.8万光年。

旋臂

旋臂是由气体和尘埃物质混杂而成的区域。银河系是旋涡星系，由4条旋臂组成。它们分别是"3000秒差距臂"、人马臂、猎户臂和英仙臂。

银盘

银核的外面是银盘，是银河系的主体。银河系中的绝大部分恒星和星际物质都集中在这一扁平的圆盘状区域内。

银心

银心是银河系的中心，是由许许多多密度很高、年龄很大的红色恒星组成的。

英仙臂是银河系中最靠外的一条旋臂。

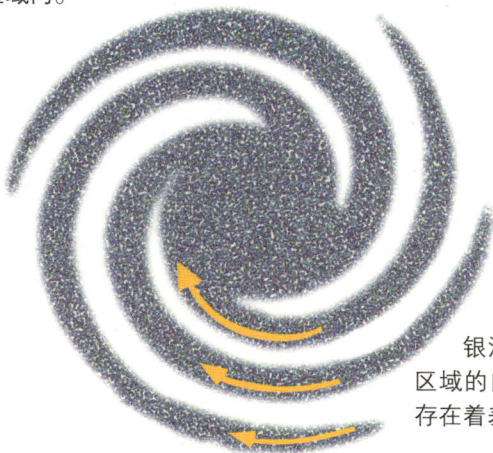

银河系不同区域的自转速度存在着差异。

长寿的恒星

恒星是太空中一个炽热的气体球。晚上，我们看到天空中闪亮的星星绝大多数都是恒星。恒星和人类一样，都要经历诞生、成长和衰亡的过程。不过，恒星的寿命可比人类要长得多。恒星从诞生到发光，再到最后死去这一生中的每一个时期都会经历几百万年。

离我们最近的恒星太阳的寿命约100亿年。

超巨星

恒星核内的氢耗尽后，就进入巨星相。较低质量的恒星增亮成为红巨星，高质量的恒星则保持同样亮度，成为超巨星。

主序星

恒星的青壮年阶段都处于主序星状态。

巨星

亮星

夜空中有无数的恒星。

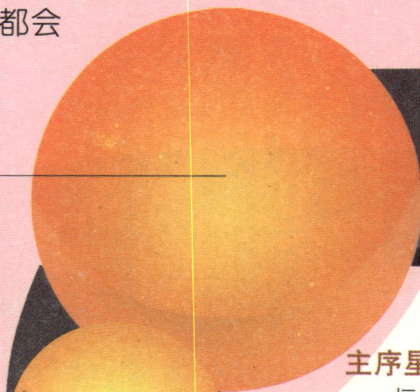

原恒星

原恒星由一团疏散的星云包围着。

星云

脉冲星

亮星

主序星在演化过程中变亮，成为亮星。

巨星

亮星进一步发展并膨胀，成为巨星。

超新星

当质量很重的恒星以惊人的爆炸结束生命时，恒星通过喷发向太空扩散，在几天之内，其亮度会超过整个星系。处于这种状态的恒星称为超新星。

黑洞

质量比太阳大3倍以上的超新星残骸坍缩后就形成了黑洞。

恒星是这样诞生的

恒星是在称为星云的气体和灰尘中混合形成的。构成恒星原始星云的气云在重力作用下会紧紧地抱在一起，慢慢地，它们的密度变得越来越大，温度也随之升高。当气云中心的温度达到1000万°C时，氢原子核就会变成氦核，释放出能量，恒星就可以发光了。这时的恒星称为原恒星，相当于人类的婴儿期。

恒星能发光发热。

白矮星

当行星状星云在太空中消散时，剩下的特别密集的核心叫作白矮星。

恒星诞生于星云之中。

行星状星云

行星状星云通常比较暗淡，它是红巨星衰亡时向外喷散而成的扩散状星云。

红巨星

红巨星是膨胀的恒星，它吞没了周围的行星。

恒星的成长和衰亡

原恒星诞生后，在引力作用下继续收缩，密度继续增大，内部压力也快速增加，最终阻止了星体的收缩，使恒星的质量稳定下来。恒星就这样长大了，进入了青壮年时期，我们称它为主序星。主序星形成后，同样要释放能量，当恒星内部所释放的能量接近枯竭时，它就会爆炸，结束漫长的一生。

超新星

中子星

当质量比太阳大1.4倍至3倍的超新星残骸坍缩为最大限度的固态物质时，就形成了中子星。

名字各异的星座

晴朗的夜晚，满天都是星星，但这些星星长得太相像了，我们很难分辨它们谁是谁。于是，人们将一些星星的方向和位置组成固定的图案，定为一个星座，然后再给星座起上名字，这样，辨认星星就容易多了。这些星座的名字是人们结合神话故事中的人物、动物的名字取的，共有88个。

把群星分为星座便于区分众多的星星。

星座在运动

如果经常观察星座，你会发现，同一个星座在不同的季节所处的位置是不一样的。其实，星座本身的位置并没有太大的改变，而是我们居住的地球在不停地进行自转和公转，所以，从地球上看，星座的位置在变化。当然，星座并不是绝对静止的，只是它们离地球太遥远了，我们在地球上根本看不到这种变化而已。

天球
天文学家为使人们能够更方便地观察星座，就把天空假想成一个巨大的球面，这便是天球。

天轴
天球运动的轴。

四季看星座

天空中的一些星座，每年总有几个月是看不见或不便于观测的。各个季节最适宜观测的星座主要有：春夜的狮子座；夏夜的牧夫座、天蝎座；秋夜的天鹅座、飞马座；冬夜的金牛座、猎户座等。对于地球北半球的居民来说，大熊座、小熊座和仙后座等星座的全部或一部分，在四季都能看到。

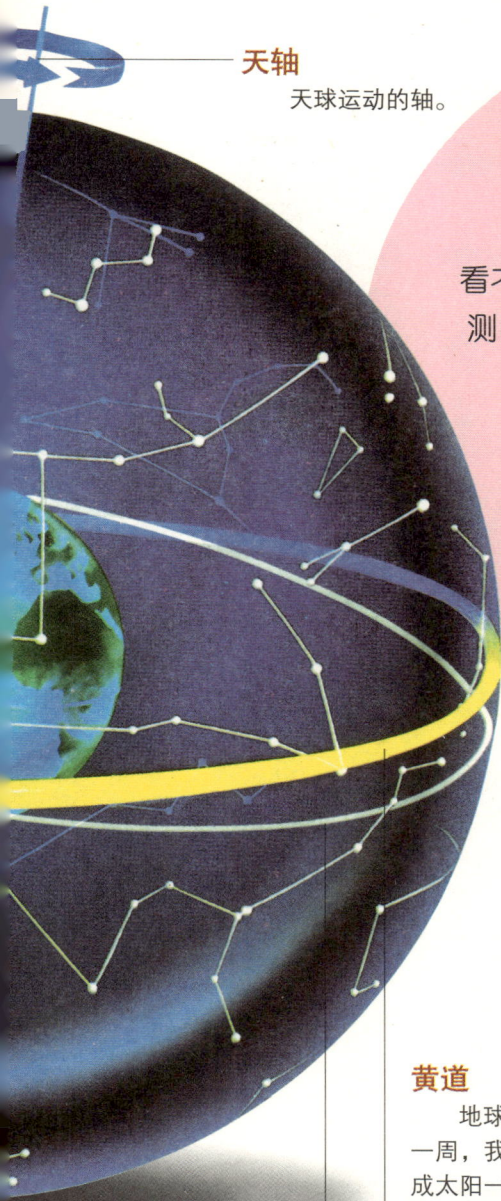

猎户星座
在冬季的星空，猎户星座悬挂在南方天空。

黄道
地球一年绕太阳转一周，我们从地球上看成太阳一年在天空中移动一圈，太阳这样移动的路线叫做黄道。

天球赤道
地球赤道面和天球相交形成的大圆圈名叫"天球赤道"。

仙后星座
秋季，仙后星座是寻找北极星的重要星座。

天鹅星座
天鹅星座中的天津四与天琴星座的织女星和天鹰星座的牛郎星构成了著名的"夏季大三角"。

"贪吃"的黑洞

黑洞不是太空中的大窟窿，而是理论上存在的天体，它的内部一片黑暗。黑洞是那些巨大的恒星在死亡的时候形成的。恒星在死亡时，重量巨大的外壳会向核心处挤压，因此将所有物质都集中到了核心处一个叫黑洞的密集球体里。黑洞有着超乎想象的强大引力，就连光线也逃不出它的"手掌心"。

黑洞是宇宙中最神秘的一种天体。

黑洞听起来很可怕哟！

从白洞出来

飞船在穿越黑洞后，会从黑洞的直接对立面——白洞中出来。这样，飞船通过白洞就进入了新的宇宙空间。

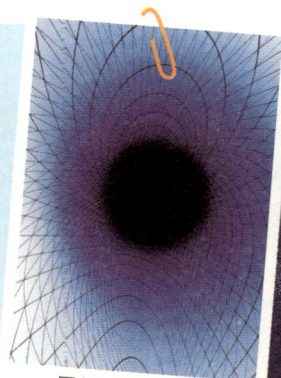

神秘的引力

黑洞为什么能"吃"掉靠近它的物体呢？这是因为宇宙中的物体之间具有吸引力，质量越大，吸引力就越强，就像地球能吸引月亮一样。黑洞的质量非常大，所以只要物体进入一定的距离范围，黑洞总是能张开嘴巴，把靠近它的物体"吞吃"掉。看起来，黑洞好像永远也"吃"不饱。

天鹅座X-1可能是一个黑洞（位于吸积盘中心）。

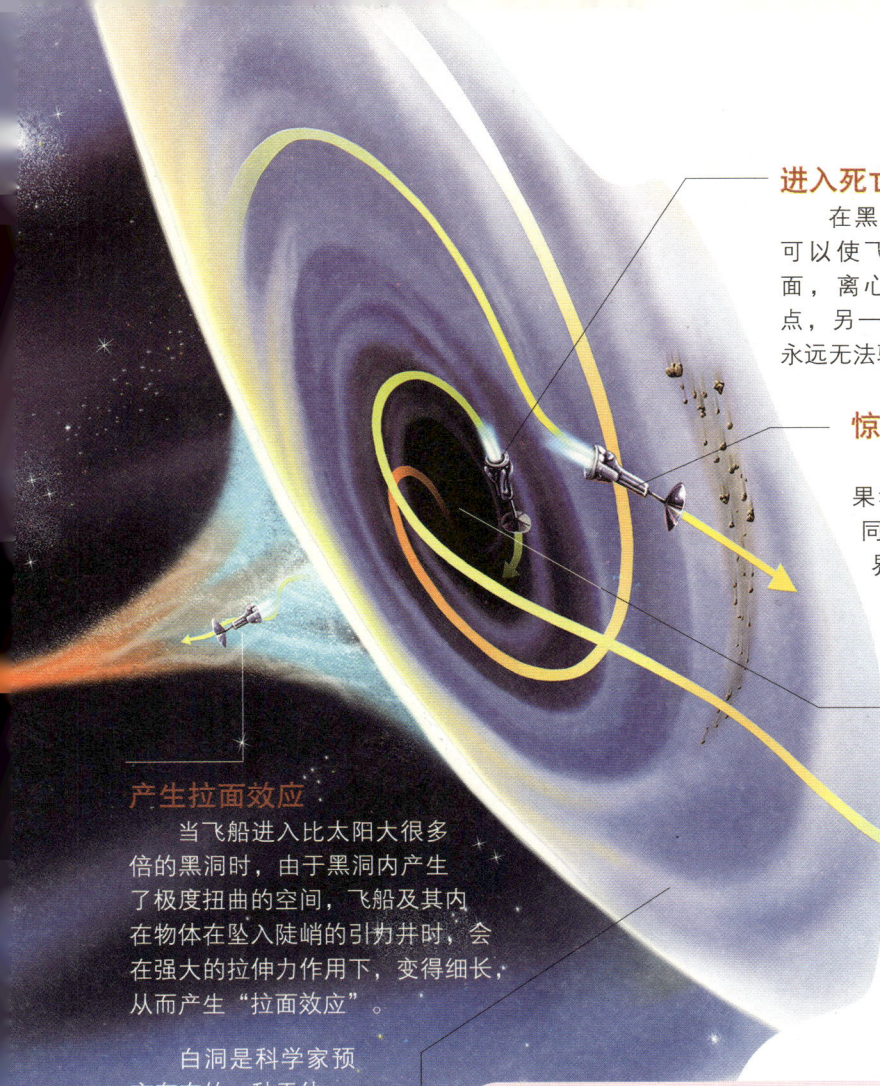

进入死亡陷阱

在黑洞的视界里，离心力可以使飞船保持运动。一方面，离心力阻止飞船到达奇点，另一方面，它也能使飞船永远无法驶出陷阱。

惊险逃跑

进入能层的飞船如果和黑洞的旋转方向相同，它会旋转着落入视界；如果方向相反，它则有可能从黑洞的能层中出来。

奇点

由于无法抵抗引力的作用，星体被压挤成密度无穷大，但实际却不占任何空间的点，这个点被称为"奇点"。每个黑洞的中心都有一个奇点。

产生拉面效应

当飞船进入比太阳大很多倍的黑洞时，由于黑洞内产生了极度扭曲的空间，飞船及其内在物体在坠入陡峭的引力井时，会在强大的拉伸力作用下，变得细长，从而产生"拉面效应"。

白洞是科学家预言存在的一种天体。

视界

黑洞的周围有一个"魔圈"，圈内的引力非常强，进入圈内的任何物体都不能逃出圈外。这个"魔圈"就被称为黑洞的"视界"。

奇点与视界

宇宙中的黑洞很多，但所有黑洞的基本结构都相同，它们中心的奇点部分都被一个我们看不见的边界包围着，科学家称之为"视界"。没有东西可以从视界里面逃出来。黑洞有的是静止的，而有的是旋转的。其中旋转的黑洞更复杂，它有个旋涡一样的能层，里面还有一个内部视界。

太阳系家族

太阳系是个大家族呢！

地球是我们人类的家，而地球也有一个家，那就是太阳系。太阳系是一个天体系统，主要以太阳为中心。太阳系这个家族很大，其中的成员非常多，比如行星、卫星、彗星、数以百万计由石块构成的小行星和流星体，以及由尘埃和气体冻结成而的彗星。

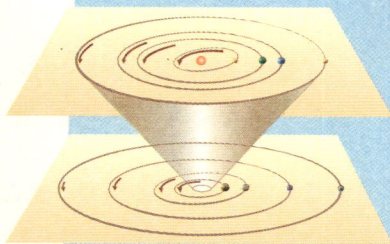

八大行星

太阳系中有一些围绕太阳旋转的天体被称为行星。太阳系中有八颗行星，这些行星按离太阳的距离由近及远依次为水星、金星、地球、火星、木星、土星、天王星和海王星，它们是由岩石、液体、金属和气体组成的。太阳系中的行星都相距几百万千米，而且行星之间的区别都很大。行星本身不发光，都是靠反射太阳光发亮的。

这是太阳系八大行星的轨道示意图。

地球

按离太阳由近及远的次序计为第三颗，绕太阳公转周期为365天，自转周期约为一昼夜。

金星

按离太阳由近及远的次序计为第二颗，绕太阳公转周期约为224.7天，自转周期约为243天。

水星

按离太阳由近及远的次序计为第一颗，绕太阳公转周期约为88天，自转周期约为58.6天。

火星

按离太阳由近而远的次序计为第四颗，绕太阳公转周期约为687天，自转周期约为24小时37分。

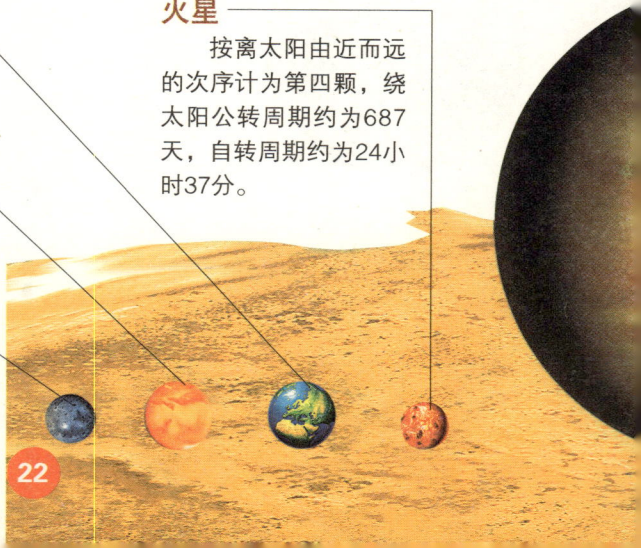

与行星形影不离的卫星

行星大多数都有围绕自己运转的更小天体，这些更小的天体被称为"卫星"。卫星有人造卫星和天然卫星两种。卫星就像是行星的守卫者，与行星形影不离。太阳系中除水星和金星外，其他行星至少有一颗卫星。卫星围绕着行星旋转，并随着行星的轨道绕日运转。由于引力作用，卫星总在一个固定的轨道上运动。

土卫二是土星的一颗卫星。

这是木星的卫星，从左到右依次是木卫四、木卫二、木卫一和木卫三。

木星

按离太阳由近及远的次序计为第五颗，绕太阳公转周期约为11.86年，自转周期约为9小时50分。

土星

按离太阳由近及远的次序计为第六颗，绕太阳公转周期约为29.5年，自转周期约为10小时。

天王星

按离太阳由近及远的次序计为第七颗，绕太阳公转周期约为84年，自转周期约为24小时。

海王星

按离太阳由近及远的次序计为第八颗，绕太阳公转周期约为164.8年，自转周期约为22小时。

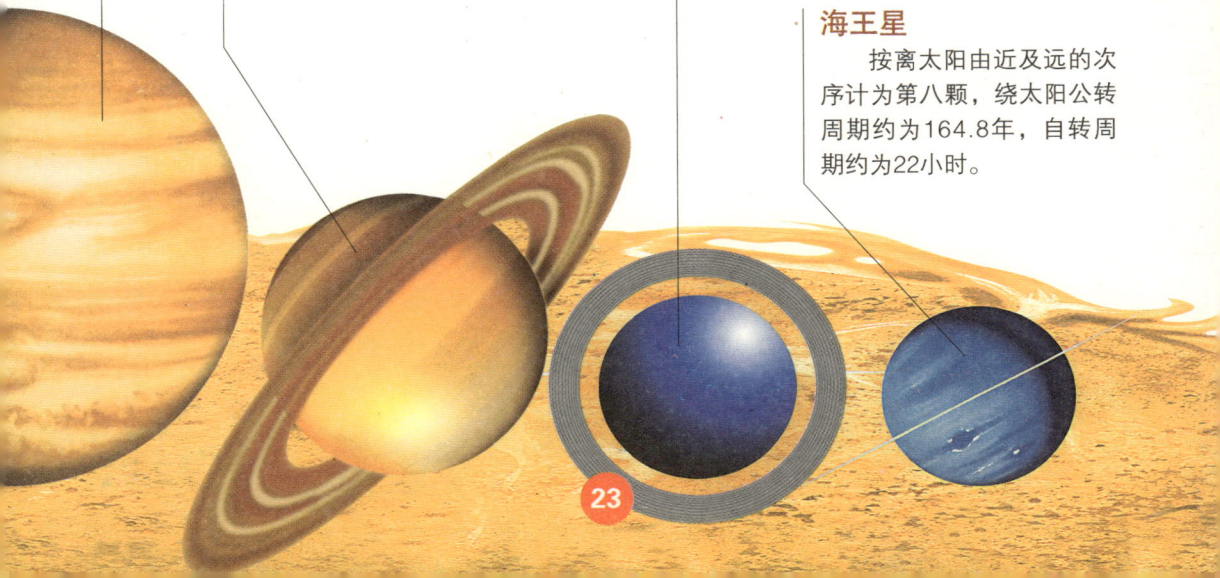

灿烂耀眼的太阳

在茫茫的宇宙里，我们所在的太阳系中最重要的天体就是太阳了。太阳是一颗恒星，与其他星星相比，它显得又大又亮，是给我们地球带来光和热的使者。太阳处于太阳系的中心，主要由炽热的气体组成，是浩瀚宇宙中的一颗极普通的恒星。

现在太阳正处于中年期。

太阳的大小及年龄

太阳与我们生活的地球相距约1.5亿千米，是距地球最近的恒星。太阳的直径约140万千米，是地球直径的109倍多。天文学家认为，迄今为止，太阳照耀地球已有50亿年，并且还会继续照耀50亿年。

透视太阳的结构

太阳由日核、辐射区、对流层、光球、色球、日冕构成。日核即太阳的核心部分。从太阳的核心释放的能量通过辐射层和对流层到达光球（平常我们看到的明亮的球面）。光球层之外的色球层和日冕层气体稀薄，它们所发出的光，我们用肉眼很少能见到，只有用特殊的望远镜或在日全食时才能看到。太阳表面的温度非常高，约有 6000°C。

太阳的表层很活跃。

太阳通过核聚变发光发热。

光球

光球就是我们平常所看到的太阳圆面，通常所说的太阳半径也是指光球的半径。光球的表面是气态的。

太阳黑子

太阳黑子是光球表面的一种活动现象。黑子是光球层上的巨大气流旋涡，大多呈现近椭圆形，黑子在明亮的光球背景反衬下显得比较暗黑。

对流层

对流层里物质的对流、湍流（及湍流产生的噪声）和大尺度的环流把太阳内部的能量传输到太阳表面，并通过光球辐射出去。

辐射层

从日核向外到半径75%的区域称为辐射层，能量在此以辐射的形式传出。

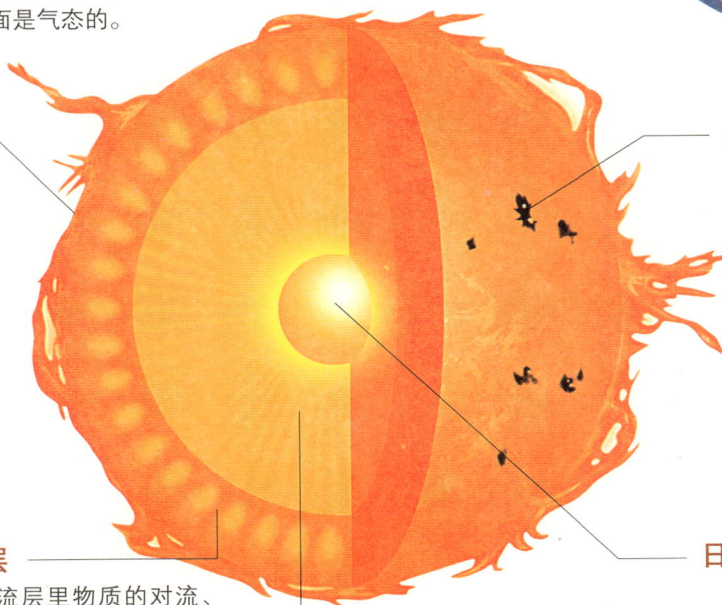

日核

太阳的核心区域虽然很小，半径只是太阳半径的1/4，但却是太阳那巨大能量的真正源头。

地球的弟兄——水星、金星和火星

类地行星是与地球相类似的行星。它们距离太阳近，体积和质量都较小，平均密度较大，表面温度较高，大小与地球差不多，也都是由岩石构成的。在太阳系中，水星、金星和火星是类地行星，它们和地球就像是一母所生的亲兄弟。

金星表面的地形很复杂，有平原，也有高山及裂谷。

水星和金星

水星是距太阳最近的行星，它是个孤寂、荒凉的星球，既没有卫星做伴，也没有大气层保护，温度可以升得很高，也可以降得很低。水星上根本存不住水，因此叫水星的名字似乎有点怪。金星是太阳系中距离地球最近的行星，它是我们在夜空下能看到的最亮的星。金星表面酷热，表面有厚重的大气层。

漫天的尘暴

尘暴是火星上的奇特现象之一，通常出现在火星南半球的春季和夏季。

火星的表面地貌

火星表面十分荒凉，遍地都是红色的土壤和岩石。火星上还有一些高山和峡谷。著名的"水手大峡谷"深达7千米，长4000千米，宽约300千米。

火星

这是火星探测器拍下的火星地面。

火星通常被称为"红色行星",因为它表面的岩石是锈红色的。火星紧邻地球轨道外侧运行,闪烁着红色的光芒,亮度时有变化。火星比地球小很多,其直径是地球的一半。火星在某些方面与地球有着惊人的相似之处:火星上的一天和地球上的一天差不多一样长,火星上也有夏季和冬季。但由于火星离太阳较远,所以要比地球冷得多。

微薄的大气
火星的大气比地球大气稀薄得多,气压仅为地球大气压的0.5%~0.8%,相当于地球上空30~40千米的地方的气压。

火星上也有尘暴。

水流的痕迹
火星上最引人注目的地形特征是干涸的河床,它们多达上千条。各种河道蜿蜒曲折,互相交错,场面十分壮观。

火星的表面很干燥。

大个子行星——木星和土星

木星和土星是太阳系行星成员里的巨人，被称为巨行星。它们都是气态行星，主要由气体和尘埃构成，没有明显的地表，而且体积比较大。我们知道，行星是靠反射恒星的光而发亮的。可是，木星和土星自己却能发出微弱的光线。当然，这些光与恒星发出的光相比，根本算不上什么。所以，如果要严格地说，木星和土星只是处在行星与恒星之间的特殊天体。太阳系行星成员中的这两位大个子到底长得什么样啊？现在，我们就来揭开这两位大个子行星的神秘面纱吧！

土星的表面

土星表面的纹理图案虽不像木星表面那般清晰，但也有云带状条纹存在，有时还会出现白色的斑点。

土星还有一个美丽的光环呢！

土星

地球

从这张木星和土星与地球的大小对比图中，我们可以知道木星和土星的个子真的很大。

木星

卡西尼环缝

意大利天文学家卡西尼发现：土星的环带并非完美无缺，它由同心环组成。环与环之间的缝隙叫作环缝。后来，人们将一个最著名的环缝命名为卡西尼环缝。

个头最大的木星

在太阳系中，木星是行星中最大的一个，比地球大1500多倍。与地球不同，它不是由岩石构成，而是像太阳一样由气体构成的。从太空望远镜里可看到木星上有艳丽的平行条纹和红色的卵形斑块，这是木星表面色彩绚丽的浓厚云层，呈现白、橙、褐、黄等颜色，它们随着木星的自转被拉成带状。

木星表面有着色彩丰富的条纹图案。

木星的内部结构也是分层的。

"长耳朵"的土星

土星与木星非常相似，只是比木星稍小，是太阳系中的第二大行星。另外，由于土星的密度很小，所以它是一颗比水还轻的行星。土星有着夺目的光环，在望远镜里看，它就好像长了"耳朵"一样。土星光环由许多大小不等、形态各异的冰块和其他混合物构成。多数的土星环比较完整，环的形状则有锯齿形呈辐射状排列的，还有几条环"扭结"在一起的。

土星环

土星有一个极薄但却很宽的环状系统，虽然厚度不到1千米，却能从土星表面朝外延伸到约32万千米的高空。

土星的光环在阳光的照耀下呈现出各种颜色。

远方的客人——天王星和海王星

1781年，英国天文学家赫歇尔用望远镜观测天上的星星时，发现双子星座里多了一颗陌生的小星星。原来，这颗小星星就是太阳系的第七大行星——天王星。1845年到1846年，英法两国的天文学家通过计算发现了海王星，也就是太阳系的第八颗行星。天王星和海王星离太阳距离都很遥远，我们称之为远日行星。

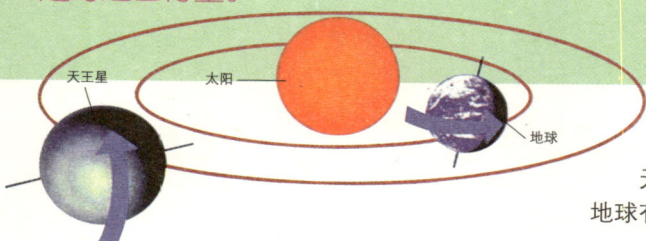

天王星　太阳　地球

天王星的自转方向与地球有着较大的差异。

躺着自转的天王星

天王星离太阳很远，所以它绕日一周需84年的时间。天王星在绕轨道公转时还在自转，它的自转轴几乎倒在它的公转轨道面上，也就是说，它是"躺"着自转的。天王星上有一层微带蓝色的、厚厚的大气层。大气层下面是水冰和氨冰以及各种气体。天王星也有光环，不过它的光环非常细，非常黯淡。

云带
带状的云围绕着天王星快速地飘动，形成云带。

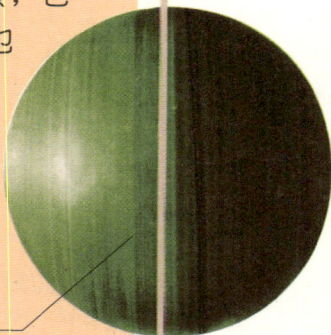

天王星的蓝色表面
天王星表面散发出带有白色的蓝绿光彩，非常漂亮！

海王星的蓝色成因

海王星表面的大气主要成分是氢和氦。海王星蓝色的色泽，是由大气中含量较少的甲烷造成的。

海王星环

海王星有4道又窄又暗的细环，这些细环很可能是由微小的陨石猛烈撞击海王星的卫星所产生的灰尘微粒形成的。

大黑斑

海王星大气层内的云有着显著的特征，其中最明显的是大黑斑。大黑斑位于南半球，是由两条长约4345千米的巨大黑色风云带和一块面积有地球那么大的风暴区构成的。

海王星上有一块明显的黑斑。

蓝色的海王星

海王星是一颗蓝色的星球。因为海王星的大气层反射太阳光中的蓝色光比较多，所以它上空的云看来起是蓝色的。但是海王星本身并不发光，因此天文学家用小型望远镜观察海王星时，看到它比较暗淡。海王星的南半球上有一块大黑斑，它实际上是一个椭圆形的风暴气旋云，与地球大小相当。海王星上的风以每秒300米的速度把这些气旋云往西边吹。

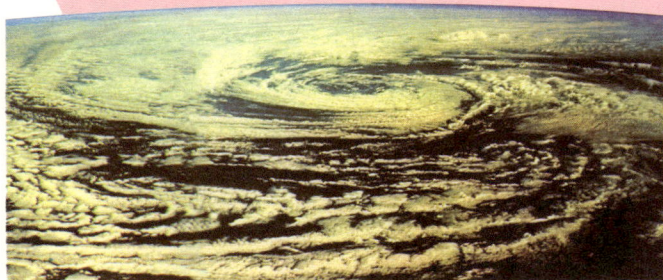

海王星大风暴的速度要比地球上的飓风快20多倍。

忠实的守卫者——月球

月球是地球唯一的卫星，它在距地球约38.5万千米的地方绕地球运行，忠实地守卫着地球。1969年7月21日，美国航天员阿姆斯特朗登上了月球，在月球上留下了人类第一个脚印。由于月球上没有风雨现象，所以这个脚印永久地留在了的上面。

哥白尼环形山
哥白尼环形山是月球上最突出的环形山之一。其山壁有像台阶一样的台地，直达环形山的底部。

这是人类在月球上留下的脚印。

月海
由凝固的熔岩构成的盆地，称为"月海"。但是，月海里面没有一滴水。在月亮上，这样的盆地有22个。

月球的表面

月球形成至今大约已有40亿年了。当它形成固体外壳之后，就不断遭到来自宇宙空间陨星的撞击，大大小小的陨星撞击月球的结果，就是在月面上留下了许多环形山。月球表面那些看起来稍暗的地方，被称之为"月海"，是一些低洼的平原。月球表面没有大气，处于真空状态。月球上没有生命、花草，也没有声音。

月球表面有着众多被星体撞击形成的环形山。

环形山

环形山是月球表面最为显著的地貌特征。山的中央有一块圆形的平地，外围是一圈隆起的山环，内壁陡峭，外坡平缓。环形山的高度一般为7~8千米。

亚平宁山脉

亚平宁山脉是月球上最长的山脉，蜿蜒640千米。

月陆

月球表面高出月海的地区叫作"月陆"。

此图展示了月食的过程。

地球

太阳

月球

月球的运动包括自转、公转和围着太阳转动几个方面。

月球的运动

月球的运动十分复杂。月球时刻在椭圆轨道上围绕地球公转，同时月球也在自转，并与地球一起绕太阳公转。由于月球的自转与公转同步，因此月球总以同一面对着地球，我们年复一年看到的月亮总是月球对着地球的那一面的景色。月球的运动造成了日食和月食现象，此外，月相的变化也与月球运动有关。

第二章

STUDENTS BOOKS

美丽地球

MEILI DIQIU

　　我们生活的地球是太阳系中最美丽的星球，它拥有江河湖海、花草树木、禽鸟野兽和聪明的人类，还有许多神奇瑰丽的自然奇观。然而这美丽的一切都是地球在漫长的46亿年时间里一点一滴地演化形成的：从最初的一片混沌天地，到现在的碧海蓝天；从单细胞生物，到丰富的生物圈；从恶劣的冰川纪，到温和的气候……让我们去领略地球的发展史吧！

壮小伙——地球

地球是太阳系中的行星之一，按离太阳由近及远的次序排列为第三，位于金星和火星之间。科学家通过测定岩石和陨星碎块，**发现地球正处于壮年期，它的年龄大约为46亿年。** 地球是人类的家园，也是迄今为止宇宙中人们所知的唯一有生命存在的星球。

46 亿年前

地球形成，地表大部分都是炽热的岩浆，大气稀薄。

内部变热

地球内部变热，不久，容易熔融的部分开始逐渐溶解。

热熔化

热熔化发生在地球内部。

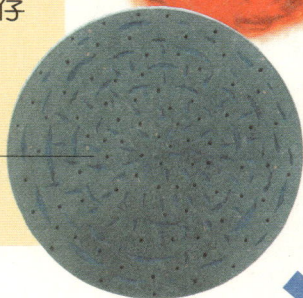

元素分离

地球的形状和大小

从月球上看，地球是圆形的。但事实上，地球是两头稍扁、中间略鼓的椭圆体。**地球赤道的周长（环绕地球的长度）约为40076千米，直径（横穿地球中心的距离）约为12757千米。** 如果从两极测量，那么地球就稍小一些；如果能把地球放在天平上称一称，那么地球重达$6×10^{21}$吨，另外，地球每年还要增加几千吨的重量，这是因为总有陨石降落到地球上。

气体与降水

地球的表面

　　地球表面分布着黄色的陆地和蔚蓝色的海洋。浩瀚的海水占据了地球三分之二以上的表面；陆地分散在海洋中间，把广大的水面分成了四大块，即太平洋、大西洋、印度洋和北冰洋，陆地表面凹凸不平的地方则是平原、盆地、山脉等地形。地球的表面生活着150多万种动物、30多万种植物。

地球表面有山川、平原、河流，还有海洋。

从月球上看，地球是一颗蓝色的星球。

碧海蓝天

　　经过30多亿年来植物的光合作用，大气的主要成分已成为氮气和氧气了。海洋同地球表面岩石层中的玄武岩发生反应，酸度越来越小。蓝天碧海的景象出现了。

地核形成

　　向地心沉积的铁、镍等开始形成地核。轻质的岩浆则浮在较上方。

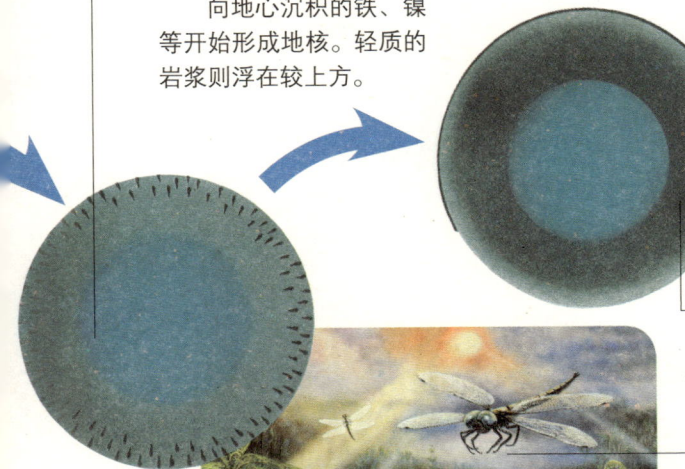

地核与地表形成

　　重的地核在地球中心形成。地球表面冷却，大陆地壳开始形成。

原始生命出现

　　原始海洋中的各种物质不断地相互作用，经过很长的时间，逐渐形成了原始的生命。随着原始生命数量的巨增，地球的气候也变得温暖湿润了。

深藏不露的地球内部

人类虽然生活在地球上，但对地球内部只了解一些皮毛。世界上最先进的钻机也只能钻到地下1万多米深的地方，所以我们无法通过直接观察的方法去探测1万米以下的区域是么样的结构，科学家只能寻找间接的证据来了解地球内部的复杂构造。

处于最中心处的为地核，地核内部的各种物质处于不断的运动之中。

莫霍面

莫霍面是地壳和地幔的分界线。

地壳

地壳是地球外层坚硬的盔甲，它主要是由许多种类的固状岩石组成的。大陆下面的地壳一般有30千米厚，最厚处可达100千米。海洋下面的地壳仅有7千米厚。

地震波与地球内部

地震波和地球的内部是有一定联系的。地震波产生于地球内部，它所释放出的能量通过波的形式传播。地震波有三种：纵波、横波和面波。地震波经过地表时，被地震仪记录下来。由于三种地震波的传播速度因地内物质的弹性和密度变化而不同，所以，科学家就可以通过研究地震波来探索地球内部的构造啦。

地球内部并不平静，物质在不停运动，这就导致了板块漂移和海底扩张。

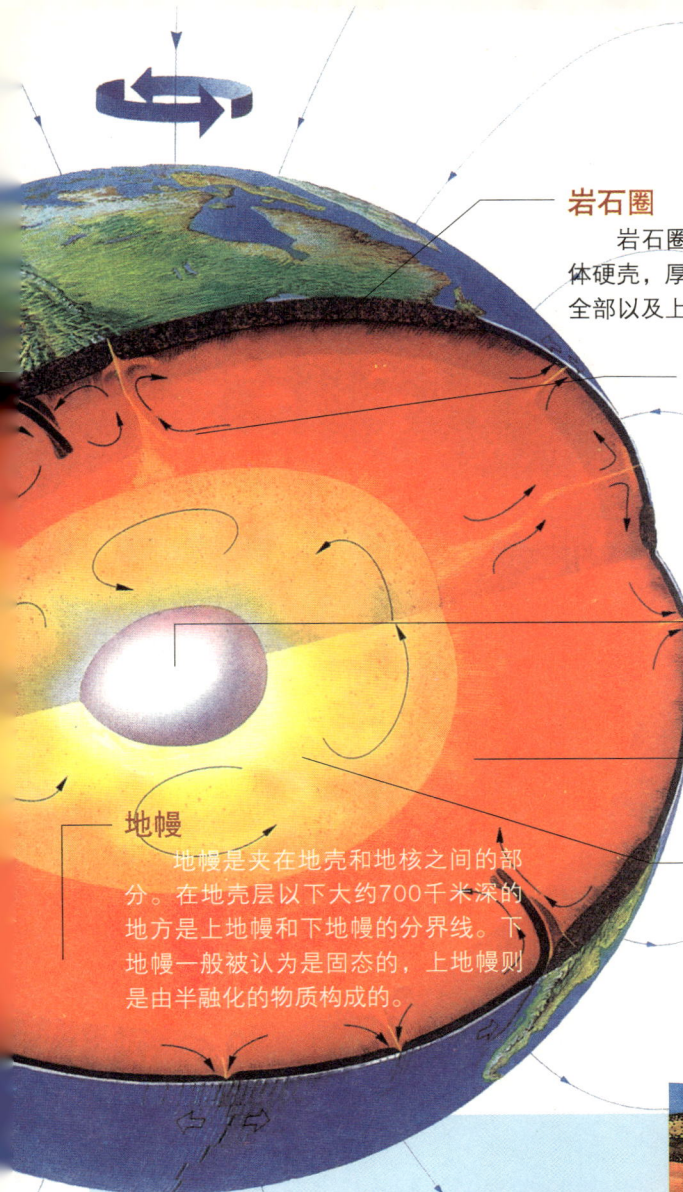

岩石圈

岩石圈指的是由各种岩石组成的地球表层的固体硬壳，厚度大约在60~120千米。其中包括地壳的全部以及上部地幔。

软流层

在上地幔上部大约60~250千米的范围内，存在着一个不连续的低速带，这里地震波的传播速度明显减慢。这一地带被认为是一处具有很强可塑性的岩石群带，称为软流层。

内核

内核的深度在5100千米以下，是固态圈层，由铁、镍合成。

古登堡面

古登堡面是地核与地幔的分界层。

外核

外核是液态圈层，主要由液态金属铁以及少量镍元素组合而成。外核的深度为2900~5100千米。

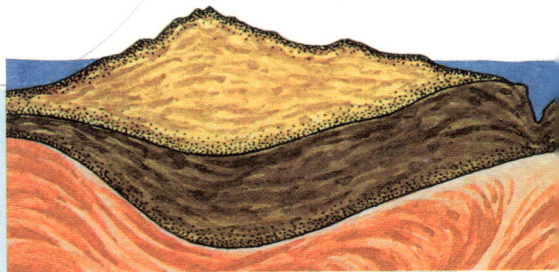

地幔

地幔是夹在地壳和地核之间的部分。在地壳层以下大约700千米深的地方是上地幔和下地幔的分界线。下地幔一般被认为是固态的，上地幔则是由半融化的物质构成的。

地球的内部构造

地球内部具有同心球层的分层结构，各层的物质组成和物理性质都有变化。根据地震波在地球内部传播所显示出来的各种迹象可知，地球内部分为不同的圈层，从外到里依次是地壳、地幔和地核。科学家认为，地球内部仍然处于热学和力学不平衡的状态，地球内部的运动仍然持续不停。

地壳在地幔之上，就像浮在海面上的冰山。地壳薄厚不均，山区较厚，海底较薄。

会移动的陆地

假如你将地图上的欧洲、非洲和美洲的大陆轮廓剪下来再拼合到一起，就能拼成一个大致上吻合的整体图。这说明地球表面的大陆曾经是连成一体的，由于陆地会缓缓移动，地球表面才成了现在这个模样。板块构造理论就对陆地移动现象做了很好的解释。

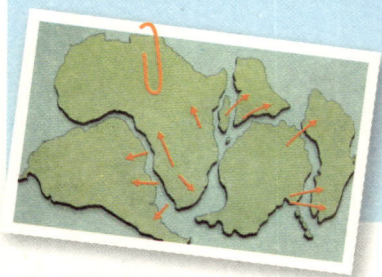

大陆漂移示意图

大陆漂移学说的提出者魏格纳认为，地球上的陆地可以拼合在一起。

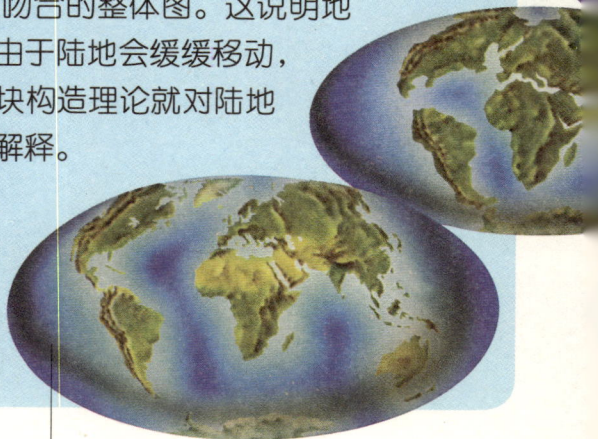

现在

大陆的漂移运动还在继续，北美洲慢慢地远离欧洲，缓缓地向亚洲靠近。

有关陆地变迁的说法

1912年，德国科学家魏格纳提出了"大陆漂移"的设想。20世纪50年代后，科学家们根据对海底的测量研究结果，提出了"海底扩张"的学说。20世纪70年代，科学家将两种理论结合为一体，形成了板块构造理论，认为地球的岩石圈划分为许多板块，岩石圈板块是在软流圈上滑动的，岩石圈板块之间在相互运动，板块作用的驱动力是地幔对流作用。

褶皱

板块堆积在一起，彼此相挤压，使岩层发生一系列波浪状的弯曲变形。这种现象叫褶皱。阿尔卑斯山脉就是褶皱现象造成的。

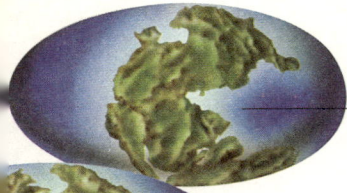

大约 2.2 亿年前

地球上所有的大陆都连成一体，形成一个超级大陆，人们称之为"泛大陆"。它被巨大的泛大洋包围着。

2 亿年前

泛大陆以古地中海为界，开始分裂成两大块。

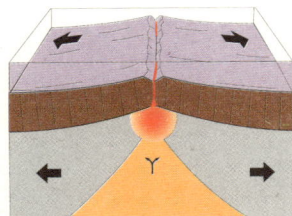

大约 1.1 亿年以前

北美洲和南美洲开始相连。随后，澳大利亚和南极洲开始分裂，印度迅速从非洲北移至亚洲。

海底扩张示意图

海底扩张学说认为，海底地壳沿着海洋中脊向两边扩张。

板块运动

地球上的大陆板块始终处于运动之中。一年中，它可以移动2.5厘米左右。有时，两大板块互相挤压，使陆地形成褶皱，进而形成巨大的山脉。有时，一个板块下沉，滑动到另一板块下面，被压入地幔而熔化；有时，两大板块发生开裂，豁口便有岩浆冒出，岩浆凝固后，形成新的陆地；有时，两大板块发生横向滑动，摩擦而过，板块的这种运动便会引起地震。

全球各大板块

板块构造学说囊括了大陆漂移说和海底扩张说，是当代最有影响的地球构造理论。

断层

岩石受力破裂并沿破裂面有明显相对移动的现象叫断层。著名的"东非大裂谷"就是岩石发生断层造成的。

地垒

相对于地堑处于上升位置的岩块称作地垒。

地堑

两条断层间相对下降的岩块称为地堑。地堑所形成的狭长凹陷地带叫裂谷。

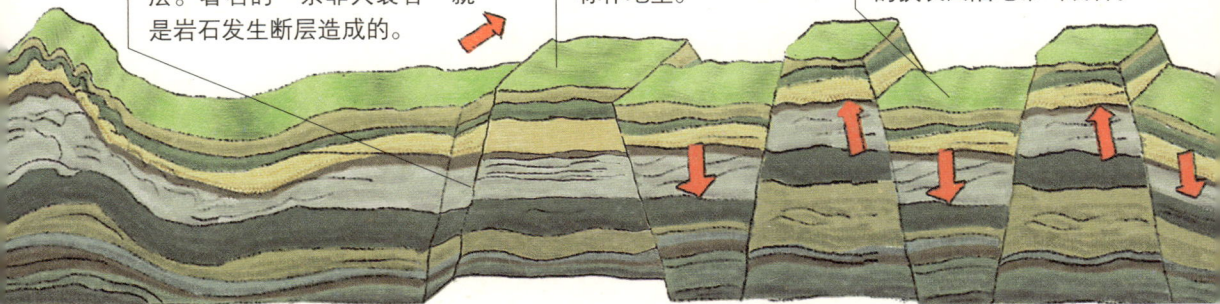

无处不在的岩石

岩石是地壳的构成材料。虽然岩石经常被土壤、植物和沉积物所覆盖，但是地球表面上的每一寸土地下面都有岩石的踪影。所有的岩石都是由聚在一起的被称为矿物的化学物质构成的。一些含有有用物质的矿物小颗粒相互间紧紧黏合在一起，就形成了矿石。

经过风化的岩石外形奇特。

火成岩

火成岩是由炽热的熔融物质固结形成的。

第一阶段
温度太高的熔岩无法结晶并形成晶体。

第二阶段
熔岩表面冷却得最快。长石晶体首先形成。离表面较远处形成较大的晶体。

第三阶段
熔岩进一步冷却时形成了云母晶体。较重的晶体下沉。

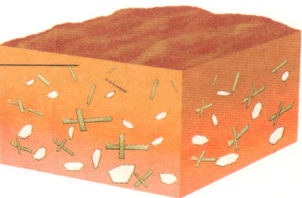

第四阶段
石英晶体形成，基质将岩石黏合在一起。

岩石的种类

按照不同的形成过程，岩石可分为火成岩、沉积岩、变质岩三种类型。火成岩由火山岩浆（熔岩）等冷却凝固形成。沉积岩由压紧成层的风化岩石的碎片构成，这种碎片称为沉积物。沉积岩主要分布在海底。变质岩开始是火成岩或沉积岩，在高温或压力的作用下，这两种岩石发生变化（变质），成为沉积岩。

变质岩

变质岩是地壳中已存在的岩石受到温度、压力和溶液的影响，在基本保持固态条件下形成的。

大理石面非常光滑。

🪨 岩石循环

地壳上会不断地生成新的岩石，与此同时，旧的岩石也在不断地由于风化作用而消逝。喷到地表的岩浆冷却下来就会凝固成坚硬的岩石。这些岩石经过侵蚀或者风化，就会变成微小的颗粒，在地表堆积，变坚硬后，形成沉积岩。各种岩石通过诸如熔化、风化、挤压等过程，会相互转化。这样的岩石循环永远也不会停止。

沉积岩

沉积岩是各种沉积物经过风化、侵蚀、溶解、搬运、生物化学及沉积作用形成的。

这是海边的鲕状灰岩。

地球的外衣——大气层

地球表面包围着一层空气，这层空气构成了大气层。由于大气中的众多微粒能使太阳光发生散射，所以天空呈现出蔚蓝色。可以说，大气层有多厚，蓝天就有多高，大气层之外则是漆黑的宇宙空间。大气层的厚度大约在1000千米以上。

厚厚的大气层使天空呈现明亮的蓝色。

外逸层

热层之上就是外逸层，它与星际空间之间没有明显的分界。

热层

热层在中间层上，其上界可达800～1000千米。热层能吸收许多太阳辐射。

中间层

从离地55千米到离地约80千米间的大气层为中间层。

平流层

从对流层顶到离地约55千米的部分，称为平流层。平流层中的水汽和灰尘的含量很少。

臭氧层

在平流层中20～30千米的区域中有一片臭氧含量极高的臭氧层。大气中的臭氧主要集中于此。

对流层

对流层内空气会上下对流，云、雨、雪、飓风等都发生于此层。

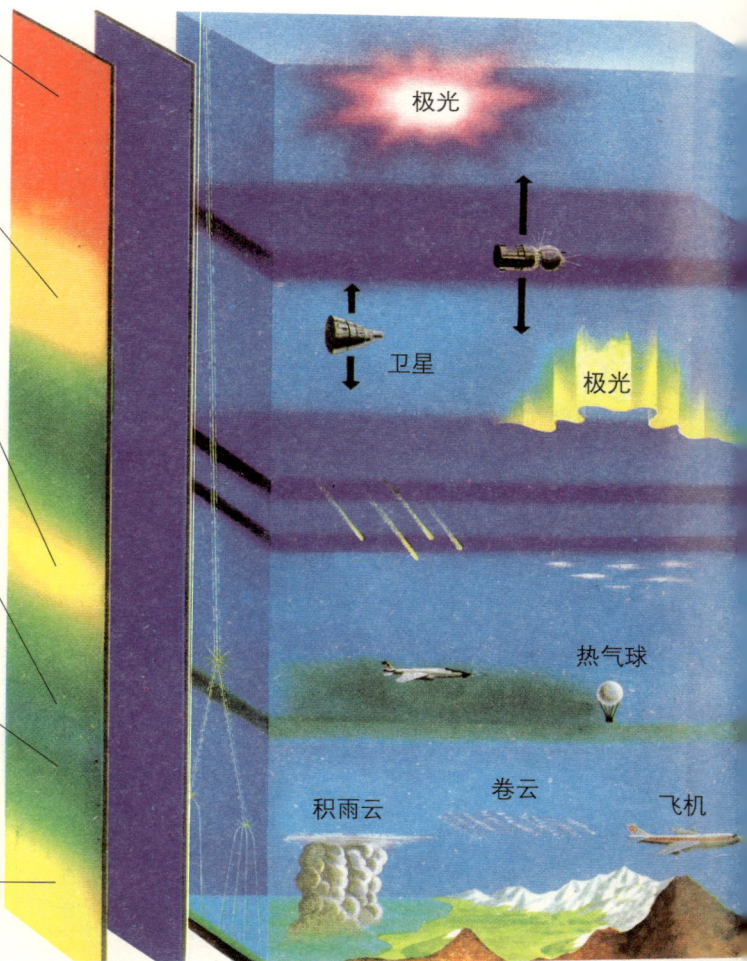

极光

卫星

极光

热气球

积雨云　　　卷云　　　飞机

大气层的作用

由于大气层的存在，人们不会体验到昼夜变化的剧烈温差，同时大气层也降低了太阳光中强烈的紫外线辐射对生物的影响。大气层还可防止流星袭击地球。每年，有数十万吨的星际物质以某一角度进入大气层，其中许多都在大气层中跳跃（就像打水漂时在水面上飞行的石头一样），另外一些则在大气层中烧毁了。

地球大气层是地球上一切生命赖以生存的重要物质。

大气层就好像温室一样，吸收了大部分阳光。

被地面反射的光线　　被地面吸收的光线
被云层反射的光线
被臭氧层阻挡的光线

氮
氩
二氧化碳
氖
氦
甲烷
氪
氢
氙
臭氧
其他
氧

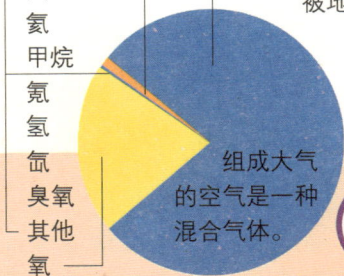

组成大气的空气是一种混合气体。

大气的垂直分层

地球大气层由五大层构成，从下到上依次是对流层、平流层、中间层、热层和外大气层，云、雨、雪、雷电等天气现象主要发生在对流层里。大气层没有外边缘，只是向外逐渐变薄，直到距地表5000千米的地方，再向外则是真空了。由于受地心引力作用的影响，地球大气层的物质主要集中在下部。

昼夜更替与四季轮回

地球不是静止不动的，它一边围绕太阳公转，一边又飞快地自转，这种运动造成了地球上昼夜交替、季节变化的现象。随着昼夜更替、四季轮回的进行，一天又一天，一年又一年的光阴就这么逝去了。让我们来了解一下昼夜更替与四季轮回到底是怎么发生的吧！

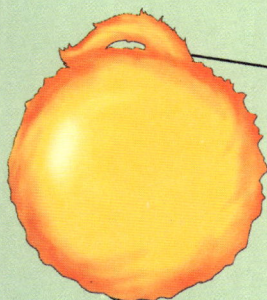

地轴

太阳

地球

昼

夜

昼夜更替现象

昼夜更替由地球自转引起。地球在绕着太阳公转时，也绕着地轴不停地自转。地球自转时，总是一面对着太阳，一面背着太阳。对着太阳的那一面接受阳光照射，成为白天（昼）；背着太阳的那一面见不到太阳，成为黑夜（夜）。地球自转时，白天→黑天→白天……交替出现，就形成了昼夜更替。一昼夜24小时，也就是一天。

地轴穿过南北两极。

夏至

夏至为每年的6月22日前后，在夏至这一天，太阳的直射点在北回归线上。

秋分

秋分为每年的9月22日前后，在这天，太阳直射点恰好跨过赤道。

冬至

冬至为每年的12月22日前后，在冬至这一天，太阳的直射点在南回归线上。

四季轮回现象

四季轮回是地球公转造成的最显著自然现象。地球绕太阳公转时，由于地轴的倾斜方向始终不变，所以一年中一些地方被阳光直射，另外一些地方被阳光斜射，这意味着同一地点在一年中得到热量会时多时少。由于太阳的直射点沿着地球南北回归线之间来回移动，所以一年中地球上的大部分地区都出现了春、夏、秋、冬四季的交替。

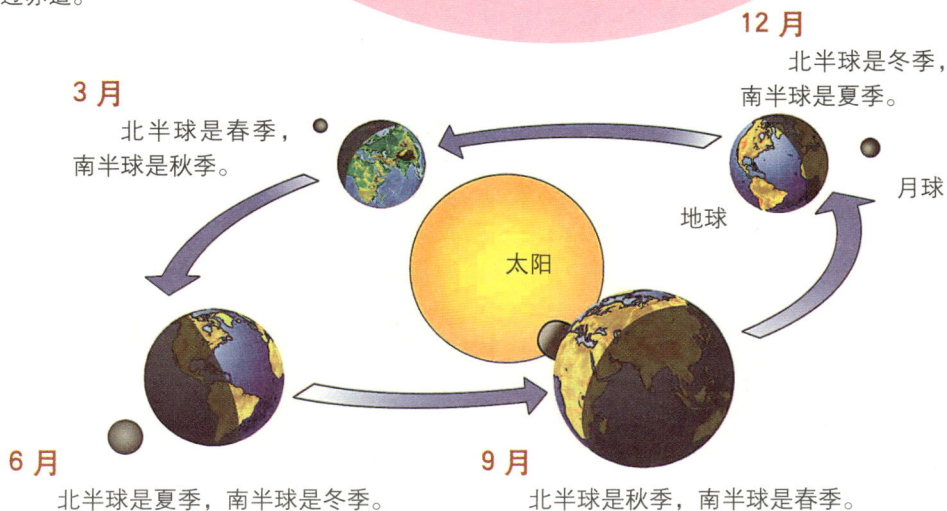

春分

春分为每年的3月21日前后，在这天，太阳直射点恰好跨过赤道。

12月

北半球是冬季，南半球是夏季。

3月

北半球是春季，南半球是秋季。

月球

地球

太阳

6月

北半球是夏季，南半球是冬季。

9月

北半球是秋季，南半球是春季。

高低起伏的山脉与平原

地球的地貌形态各异，情况复杂。在地球上，山是陆地上的一种隆起地貌。它具有较大的高度和坡度，一般在海拔500米以上。从高空向地面望去，在绵延不断的山脉之外，地表还有狭长的山谷、环山出现的盆地、一马平川的平原。

山脉与山谷

我们将一串连绵成线的山称为山脉。有些山仍然在不断地升高，而有些则由于风化作用正在逐渐消逝。山谷是地球表面的狭山凹地，形成于在水和冰的侵蚀作用下出现山间河道的地方，或者形成于地壳产生裂缝和陆地下陷的地方。裂谷也是山谷的一种，产生于大块陆地在两条断层线之间下沉的地方。

山谷是大块陆地在两条断层线间下沉的地方。

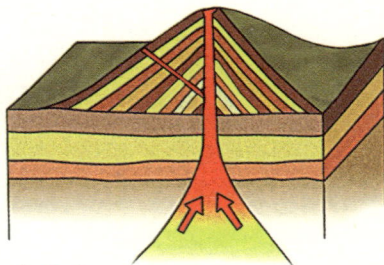

火山山

岩浆从地球深处岩浆仓喷发出来形成火山，喷射出的熔岩、火山灰和岩块形成高高的火山堆。

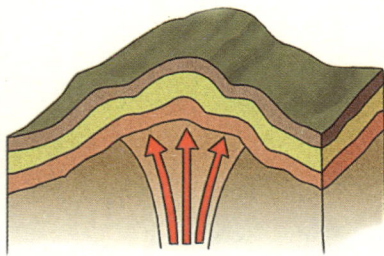

冠状山

地壳下的岩浆往上涌，使地球表层的岩石向上隆起形成冠状山。

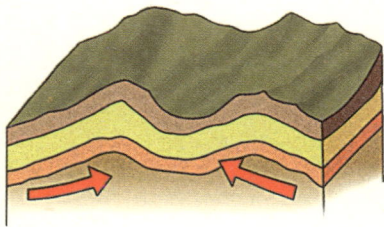

褶皱山

两个板块相互推挤，使地壳弯曲变形，形成山脉。

断层山

地球板块互相碰撞，使地壳出现断层或裂缝，巨大岩块受挤上升。

地球的地貌变化多样。

亚马孙平原是世界上面积最大的冲积平原。

盆地与平原

　　陆地上地势比较平坦、四周被群山环绕的封闭式盆地状区域，称作盆地。一些小的盆地如山间盆地，只有几平方千米到几十平方千米；而较大的盆地，如中国的塔里木盆地，比东部一个省还要大。世界上几乎所有的大平原都是河流冲积的产物。河流冲积物不断淤积，逐渐填平了凹凸不平的地表，形成平坦广阔的平原。

山间盆地是山区最常见的面积比较小的盆地。

49

地球的血液——河流

河流是一种天然的水道，水流两边有明显的堤岸。河流的水流来自雨水或雪融化而成的水。下雨或融雪时，这些水沿着最陡峭的山坡向下流，在山谷里汇合成河流。很多河流都是从高处流向平地，最后流入海洋的。历史上，许多河流经过的地方都是人类文明的诞生之地。

上游

坡度较大的地表引起水流速度加快，快速流动的水常常开辟出一些窄窄的水道。

V 形谷

在源头附近，河流常流经一个深切的V形河谷。流水通过长年累月的侵蚀作用会将V形谷切蚀得更深。

瀑布和急流

河流流经地势落差较大的地区时，常出现瀑布和急流。

中游

河流宽度变大，河水的流速因河床倾斜度减小而变慢。

支流

支流为流入干流的小河或小溪。

河谷拓展

当河流水位逼近海平面时，河流产生更多的河曲，河曲发育成更多的河谷和更广阔的泛滥平原。

三角洲

河流流进海洋时，河流沉积物发生沉积作用，形成三角洲。

沙滩

河流携带而来的沙子遍布海岸形成沙滩。

河流越过陡峭的山崖或坚硬的岩檐飞泻而下，便会形成瀑布。

河流的作用

河水在流动的过程中，能雕刻出各种地形、地貌，这就是河流的侵蚀作用；侵蚀下来的碎块会随着河水移至其他地点，这就是河流的搬运作用；当河水流速慢慢变小时，搬运力量会慢慢减小或消失，此时从上游搬运下来的物质，因河流不能将它再往下游运送而停留，这就是沉积作用。

洪水为人类带来了灾难，同时也营造了肥沃的土地。

洪水的威力

当河床里的水量增加到可以没过两岸的时候，洪水就出现了。泛滥的河水有巨大的力量，可以把树连根拔起，甚至会冲毁桥梁与房子，造成巨大的灾难。但另一方面，洪水带来的含有机质丰富的泥沙沉积物又为人类营造了肥沃的土地。

经过河水常年的冲蚀，河流的河道会变弯曲。

河曲
当河流流经易侵蚀的地区时，水流使河道变弯曲。

下游
地表坡度变缓，支流的汇入增加了河流的水量。河流侵蚀原有的河床，使它变宽、变深。

河口
在河口处，河流的速度减慢，并开始把它所运载的沉积物慢慢沉淀下来。

脾气暴躁的火山

火山是由地球深处的岩浆等高温物质穿过地壳裂缝，喷发出地面而形成的锥形山体。火山喷发是地球上最壮丽的景观之一。火山喷发时，地球内部的岩浆在岩圈的巨大压力下，从地壳的孔洞或裂缝喷发出来，会带来巨大的灾难。

休眠火山

休眠火山是在历史上有过喷发记录，但至今仍处于"休眠"状态，没有喷发过的火山。

死火山

死火山是史前有过活动，但历史上没有喷发记载的火山。

活火山

活火山也就是正在喷发或者容易喷发的火山。日本的富士山就是一座活火山。

火山喷发

火山喷发时，炽热的岩浆从火山口喷出，浓烟和火山灰同时冲向天空。岩浆沿着火山内部的火山筒喷涌而出。火山喷发通常只延续很短的时间，喷发停止以后，火山筒立即被封堵。许多年以后，当岩浆积蓄到一定的能量以后，火山可能再度喷发。火山喷发需要巨大的压力，因此火山常常是在没有任何预兆的情况下突然喷发的。

火山刚喷发时，会释放出浓重的火山灰。

火山喷发出的火山碎屑会对人类造成危害。

熔岩流
熔融状态的岩石从火山口喷流下来。

火山口
地表上岩浆离开火山通道的出口。

火山灰
由一些岩石碎屑及火山气体构成，其中火山气体绝大部分为水蒸气，另有少量的二氧化碳、二氧化硫、氮气等。

侧火山口
有时岩浆会从火山的山坡上喷发出来。

火山坑
火山口周围的碗状区域，熔岩在这儿集中。

熔岩
岩浆到达地表后形成熔岩。

岩浆
岩浆是温度极高的熔融状物质，其中含有大量的气体，包括水蒸气。

岩浆室
岩浆在从地下向地表上升的过程中，在地下形成一个"口袋"，称为岩浆室。

火山爆发对人类的影响

火山爆发给人类带来的灾害是毁灭性的，它不仅会给人类生命财产带来重大损失，还会引发森林火灾、泥石流以及导致气候异常等诸多灾害。火山爆发在短时间内会急剧改变地球面貌，还能导致该地区很长时间的气候异常，但火山灰有肥田作用，也是天然的水泥，可用于建筑。

让地球发抖的地震

地震是突然间发生的大地颤动现象，是一种很普遍的自然现象。地球震动时会释放出巨大的能量，其中一部分能量就以地震波的形式传到地表，使大地颤动起来，这样，地震就发生了。地球上平均每天发生一万多次地震，幸运的是其中99％的地震是极其微小的，人们根本无法察觉。

当陆地板块发生断裂和错位时，地震就会出现。

震中

震源上方正对着的地面称为震中。震中到地面上任一点的距离叫震中距离。震中距离在100千米以内的称为地方震，在1000千米以内称为近震，超过1000千米称为远震。

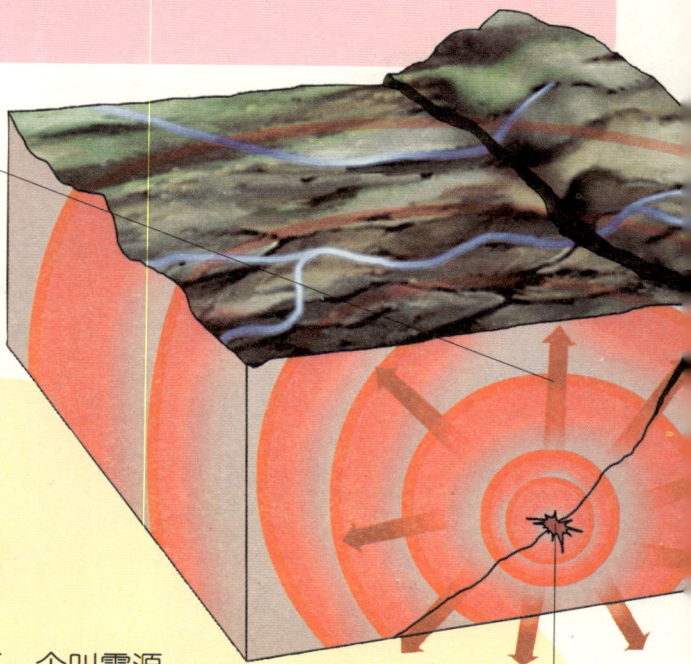

地震的过程

地震引发的震动是从地下一个叫震源的地点开始的。地震的震波从地下的震源传到地表，震动通过以震源为中心的同心圆向外扩散，就像水中荡起的涟漪。地震的震中是地面上受破坏程度最严重的地方，它位于震源的正上方，通常处于断层地带。地震是个十分短暂的过程，却有可能带来巨大的灾难。

震源

地震开始发生的地方。震源垂直向上到地表的距离是震源深度。地震发生在60千米以内的称浅源地震，60～300千米为中源地震，300千米以上为深源地震。

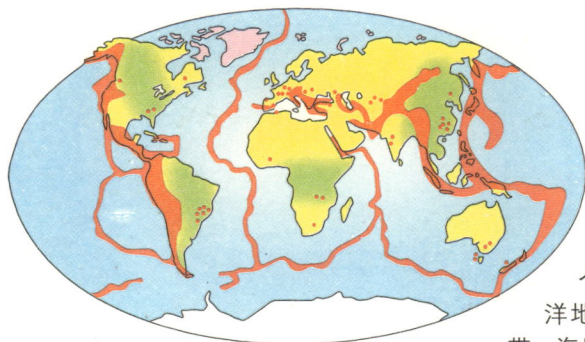

全球主要有三个地震带：环太平洋地震带、欧亚地震带、海岭地震带。

🔶 浅源地震带 　⋯ 深源地震带

地震波

就像把石子投入水中，水波会向四周一圈一圈地扩散一样，地震时地震波也会向周围扩散。地震波主要包含纵波和横波。横波能引起地面的水平晃动，是地震时造成建筑物破坏的主要原因；纵波在地球内部传播速度大于横波，所以发生较大的近震时，一般人们先感到上下颠簸，过数秒到十几秒后才感到有很强的水平晃动。

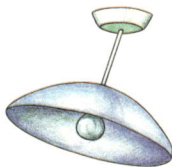

地震的强度

人们根据地震时所释放出的能量的大小分出震级，用来表示地震的强度。震级是用仪器记录的地震波来测定的。3级以下的地震叫微震，一般人感觉不到；3级到5级的地震是弱震，人们可以感觉到，危害较小；5级到7级的地震是强震，会给人类社会造成较大破坏；7级以上的大地震可以使房屋倒塌，给人类带来巨大的灾难，不过发生的几率相对较小。

地震会给人类带来生命和财产的损失。

3级　有轻微感觉，房顶的电灯轻微晃动。

5级　每个人都会有感觉，杯子里的液体会洒出来。

9级　能造成严重损害，许多高大的建筑物都会倒塌。

12级　一切都被毁坏，大面积的陆地产生运动或滑动。

千变万化的云

蔚蓝的天空中点缀着朵朵白云，分外美丽。这些由亿万颗小水滴组成的云朵千姿百态，飘忽不定，使天空有时万里无云，有时阴云密布，有时云开日出。其实，云是一种天气现象，认识云的类型非常重要，因为它能告诉我们关于天气的信息。

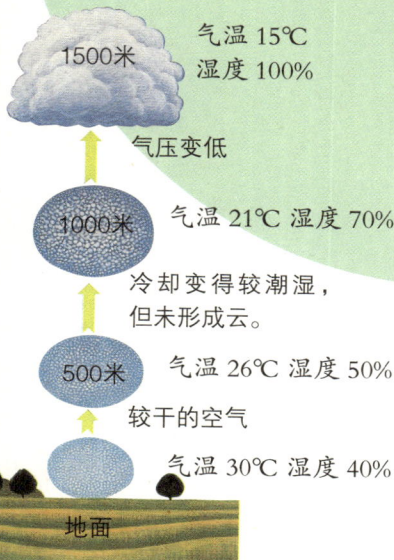

1500米
气温 15℃
湿度 100%

气压变低

1000米　气温 21℃ 湿度 70%

冷却变得较潮湿，但未形成云。

500米　气温 26℃ 湿度 50%

较干的空气

气温 30℃ 湿度 40%

地面

天空中的云是由无数个小水滴组成的。

云的形成

太阳光照在的海洋、河流和湖泊上，使地球上的一部分水变成水蒸气。水蒸气不断上升，而空中的温度越来越低，这时，水蒸气又会重新凝结成小水滴或是小冰晶。无数的小水滴和小冰晶聚在一起，飘浮在空中，便形成云。这些小水滴具有很强的吸水能力，可以进一步凝结起一个大水滴，因此有时云会越来越浓。

卷积云

卷积云是一些像豆粒或小石头的圆胖形云的集合体，看起来显得很明亮。

卷层云

卷层云不会发亮，呈帘幕状或薄纱状。

高积云

高积云的形状和排列状态与卷积云很相像，但高度低于卷积云。

云盖

云盖是由高积云、层积云和积云转变而成的。它飘浮在山顶，形状好似一把雨伞。

层积云

与高积云很相似，但是层积云的云朵更大，且排列成波状。

卷云

卷云为高空中细小的白色绢丝状云，是由含有很多水汽的空气形成的。如果在中纬度地区出现卷云，通常就意味着2~3天后天气会变坏。

积雨云

积雨云呈牵牛花形或铁钻形，其内部有强烈的上升气流，所以积雨云出现时常伴有大雷雨，偶尔也下冰雹。

看云识天气

云有各种形状和大小，气象专家通过云在空中的高度以及它们是分层的还是成堆的来区别不同的云，并通过云的状态来预测天气。白色蓬松的积云常和温暖晴朗的天气相随，高的卷云意味着天气要变化，有可能会下雨。卷云之后可能跟着较低的高层云和低的雨层云，它们覆盖了整个天空，使天空显现灰蒙蒙的一片。

积云

像棉花糖般的云名叫积云，它的云底是平的。随着太阳升高，云头会随之扩大，到了下午最大，而傍晚时，多半会消失掉。当日照较强时，云朵的上方会变成像怪物的头一样的浓积云。

雨层云

雨层云是一种遮天蔽日而呈暗灰色的云，它的出现会带来雨或雪。与积雨云的雨势不同，雨层云的雨和雪会很平静地降下。

层云

颜色和雾相似，并且可以如雾般扩展。它是所有云中位置最低的云。它在日照增强时会很快地消失。

恐怖的闪电与雷鸣

电闪与雷鸣是普通的自然现象。在湿热的夏季，天空通常会降下猛烈的雷雨。此时，黑暗而高耸的雷云带来划过天空的闪电，天空中充斥着隆隆的雷声。闪电是雨云之间、雨云和地面之间产生的巨大电花，雷是闪电产生的巨大声响。

雷雨云

人们通常把发生闪电的云称为雷雨云。雷雨云在形成过程中，气流呈强烈的垂直对流状态。上升气流将水汽凝结而出现雾滴，就形成了云。

闪电的能量

闪电巨大的能量能把大多数金属烧成一个洞，甚至还可将地下的沙质土壤熔化，形成一种特殊的被称为闪电熔岩的岩石。

放电

当正负电荷积聚到一定程度，就会在云与云之间或云与地之间发生放电。此时，天空中会出现电火花，形成所谓的"弧光放电"现象。

闪电的产生

巨大规模的电荷碰撞以后，就产生了闪电。在雷雨天气里，乌云中聚集了数百万伏电压的电荷，同时地面上也聚集了大量的电荷，当空中和地面聚集了足够的电量，电荷就穿过空气相互碰撞，产生闪电。两个云层中所含的电荷相互碰撞，也能产生闪电。闪电有很多形状，最常见的是线状闪电，最奇特的要数球形闪电。

雷电击中了埃菲尔铁塔。

正电荷积聚

雷雨云在形成的过程中，较轻的冰晶粒子上升最快。在上升过程中，它们之间相互碰撞摩擦，成为正离子，升至云层的高处。

负电荷积聚

较重的冰晶粒子在气流运动过程中成为负离子，占据着云层的下部。

雷击

雷击是指一部分带电的云层与另一部分带异种电荷的云层间，或者是带电的云层对大地迅猛地放电的现象。

迟来的雷声

雷是闪电释放能量时，受热迅速膨胀的空气发出的声音。闪电引起雷鸣，但我们总要在闪电出现后几秒内才能听到雷鸣声，这是因为声波比光波传播得慢。根据电光与雷鸣之间的时差，我们可以计算出闪电离我们的距离，如时差为3秒，则闪电在1千米外。雷声也有差别，有的清脆，有的比较沉闷。

片状闪电

片状闪电是出现在云层表面的闪光，呈一片弥散状。

带状闪电

线状闪电的通道如果被风吹向两边，以致看起来有几条平行的闪电，则称为带状闪电。

线状闪电

曲折开叉的闪电称为线状闪电，它是闪电中最常见的。

链状闪电

链状闪电色彩绚丽，有时还会出现串串珍珠似的闪电。

滋润大地的降水

降水对于地球上的一切生物来说，有着重要作用。因为有水才有自然界的存在，人类才有良好的生存环境。如果没有充足的水分，人、动物和植物就会干死。可以说，是降水滋润了大地。另外，水是天气变化的主宰者，操纵着各式各样的天气现象的产生。

云水量增加

云水量指构成云的水滴和冰晶的量。浓积云和积雨云等在形成过程中云水量会逐渐变多。降水只有在云水量充足时才有发生的可能。

雨是我们最常见的降水形式。

雪是冬天常见的降水形式。

降水的形式

露水出现在夏季的早晨。

降水就是指从天空降落到地面上的水。雨雪是最常见的降水形式，雨雪从天空中降下，降下的水经阳光作用又蒸发成水蒸气，水蒸气在气温很低的时候又变成霜或露，或者弥散在低空中成为雾。雾是水蒸气在空气中液化而成的，而霜是水蒸气在地面上遇冷凝华附在物体表面而形成的。我们上面所说的雨、雪、霜、露和雾等都是降水的形式。

霜晶莹剔透。

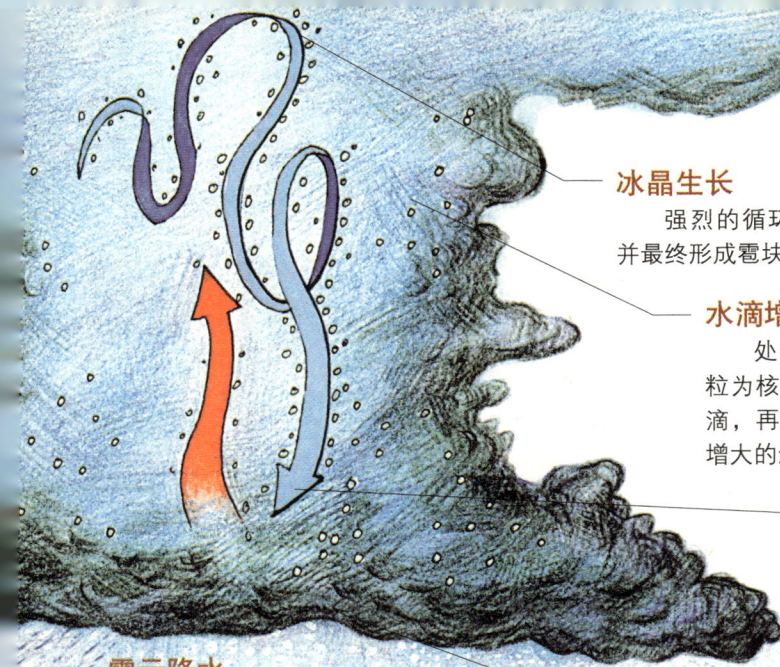

冰晶生长

强烈的循环气流使冰晶不断加厚，并最终形成雹块。

水滴增长

处在0℃以上的暖云，以气溶胶质粒为核心吸附空气中的水汽，凝结成云滴，再通过凝结长大的大云滴的碰撞并增大的过程形成为雨滴。

变化的气流

在能够发生降水的雷雨云内部存在强烈的上升气流，它促使雨滴或雪花形成。当云内部存在强烈的扰动气流时，雹就有可能形成。

雹云降水

冰雹主要发生在春夏之交的过渡季节，此时也是气流对流旺盛的时候。常见的冰雹有球状、圆锥状、椭球状、不规则形状。

雪花形成

当云中的过冷水滴温度达−15℃时，会形成一种叫冰晶的细小冰滴。当冰晶降落到过冷水滴的云层时，水滴会蒸发，然后在冰晶上凝结，使冰晶长大形成细小的雪花。雪花在下降过程中还会继续聚集变大。

雨滴的形成

雨滴从凝结核开始，在运动过程中会形成冰晶或雪花。

雪花的形成

雪晶在降落时，在暖和的空气中开始融化，然后彼此渗透，形成雪花。

雹块的形成

雹块由雹胚和透明的冰层、不透明的冰层包围而成。

降水的成因

所有降水都来自天上的云。降水的形成主要有两个条件：一是大气中要有充沛的水汽；二是要有较强的气流上升运动。在气流上升运动时，强烈的上升气流使水汽产生并凝结成云。云滴（形成云的小水滴）在气流升降运动中不断增大，增大到一定程度时，它就会变成雨滴，从云中降落到地面,形成降水。

第三章

STUDENTS BOOKS

多彩生物

DUOCAI SHENGWU

　　地球上的生物种类繁多、形态各异，既包括我们难以察觉的微生物，也有与我们朝夕相处的动植物。微生物的体形微小、构造简单，却充满了神秘；植物界是个庞大而又复杂的王国；动物界丰富多彩，朝气蓬勃。它们环环相扣，浑然一体，共同构成了美丽的生物界，为我们的地球增添了无穷无尽的活力。

生命的起源与发展

我们生活的地球上，生命几乎无处不在。科学家们认为，生命是由无机物合成有机小分子，如氨基酸、核苷酸等，再由有机小分子合成生物大分子，并逐步构成蛋白质、核酸等多分子体系，进而演化成为原始生命的。一般认为，地球最初形成的原始生命是一些非细胞形态的生物。

三叠纪（2.45亿年至2.08亿年前）

爬行动物崛起，高大植物主要为针叶树和苏铁，覆盖丛林的矮小植物主要是蕨类。

40亿年前，生命的前物质在海洋里聚积。

二叠纪（2.9亿年至2.45亿年前）

生活着基龙和猎食的异齿帆背龙等两栖动物。松柏等植物出现。

石炭纪（3.63亿年至2.9亿年前）

蕨类森林里生活着两栖动物和昆虫。森林成为最早的爬行动物的家园。

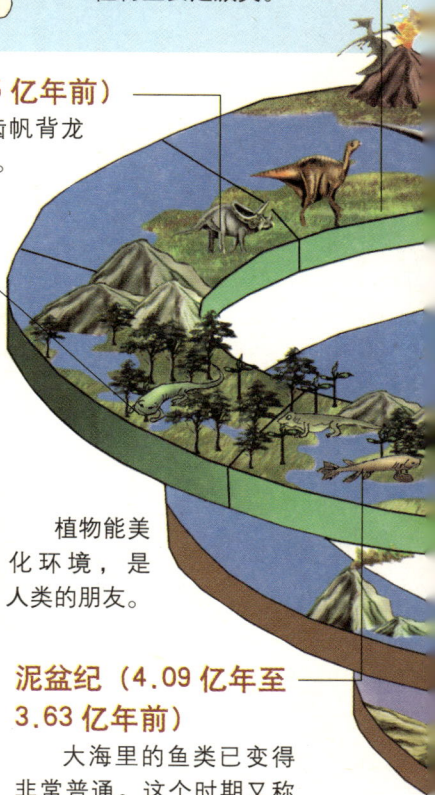

植物的起源

植物是生物中的一大类，大约有几千万种，包括我们知道的树木、花草等。在漫长的岁月里，最早的植物生长在约5.5亿年前的海洋中。最早的陆生植物出现于4亿年前，它们是孢子植物，如大石松、木贼和蕨类植物。种子植物出现在3.5亿年前。开花植物出现在1.35亿年前，它们是恐龙的食物以及地球大气中氧气的来源。

植物能美化环境，是人类的朋友。

泥盆纪（4.09亿年至3.63亿年前）

大海里的鱼类已变得非常普通。这个时期又称为鱼类的时代。

前寒武纪（5.7亿年前）

该时期的生命形态以水生菌藻植物为主。

动物的起源

蝎子是最早移居到陆地上的动物之一。

约10亿年前，地球上仅生存着极微小的单细胞生物，比如细菌。大约在5.45亿年前，有着坚硬外壳和体表的动物开始出现，这些动物全是无脊椎动物。又过了4500万年，脊椎动物开始出现，最初，它们生活在海洋里。最先移居到陆地上的动物是节肢类动物，如蝎子、蜈蚣等。

侏罗纪（2.08亿年至1.37亿年前）
侏罗纪时期，爬行动物、菊石大量繁殖。

白垩纪（1.37亿年至6500万年前）
裸子植物、爬行动物、菊石等相继衰落或绝灭。新生的被子植物、鸟类、哺乳动物及腹足类、双壳类等有所发展。

寒武纪（5.7亿年至5.1亿年前）
此时的统治者是三叶虫，此外还有腕足类、杯海绵、水母、蠕虫等。藻类繁多。

第三纪（6500万年至1600万年前）
马、象、类人猿等高等哺乳动物出现；被子植物繁盛；鸟类、硬骨鱼类、双壳类等发展繁荣。

第四纪（1600万年前至今）
第四纪是哺乳动物和被子植物高度发展的时代，最突出的事件是人类出现。

奥陶纪（5.1亿年至4.39亿年前）
奥陶纪是海生无脊椎动物最繁盛的时期。

志留纪（4.39亿年至4.09亿年前）
常见的化石有三叶虫和珊瑚，裸蕨植物出现。

难以察觉的微生物世界

在地球的陆地和海洋，与人类相依相存的是另一个缤纷多彩的生命世界。在这个生命世界里，除了我们熟知的动物、植物，还有一个神秘的群体。它们太微小了，以至用肉眼看不见或看不清楚，它们的名字叫微生物。微生物是一切肉眼看不见或看不清楚的微小生物的总称。

我们必须用显微镜才能看到某些微生物。

荚膜

荚膜位于细胞壁内，是一层较厚的黏性、胶冻样物质。

细胞壁

细胞壁为细菌表面比较复杂的结构，是一层较厚的网状结构，可承受细胞内强大的渗透压而不被破坏。细胞壁坚韧而有弹性。

染色体

细菌的细胞质中漂浮着的卷成团的物质为染色体。

鞭毛

在某些细菌菌体上具有细长而弯曲的丝状物，称为鞭毛。鞭毛的长度常超过菌体若干倍。不同细菌的鞭毛数目、位置和排列不同。

核糖体

核糖体是细胞内的颗粒状物体。

微生物的生活

微生物的结构虽然简单，只需要一个细胞就能独立生存，但是它们对生活环境的要求却各不相同。在所有的微生物中，有的喜欢呼吸氧气，有的讨厌氧气，还有一种微生物，在有氧和无氧的环境中都能生活得很好。微生物的个头虽然很小，但它的整个身体都能吸收营养物质，所以它们的食量特别大。

菌丝

单个细菌。

染色体复制。

细胞壁展开。

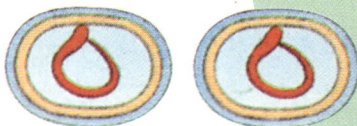

一个细菌分裂成两个完全一样的细菌。

微生物的贡献

虽然微生物的身体很小，但是它们却是大自然不可缺少的一分子。自然界中，有许多生物的循环都是靠它们实现的。微生物可以将动植物身体中的蛋白质变为化合物，让植物吸收。如果没有微生物存在，生物圈就不能正常循环，这样，缺少了必要营养的动植物就都遭殃了。可见，微生物对整个生物界的贡献有多大。

病毒

病毒是最小的生物，它们侵入另一个生物体后，就能制造大量同类病毒。

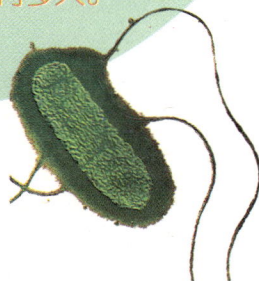

沙门氏杆菌

沙门氏杆菌会导致食物中毒。

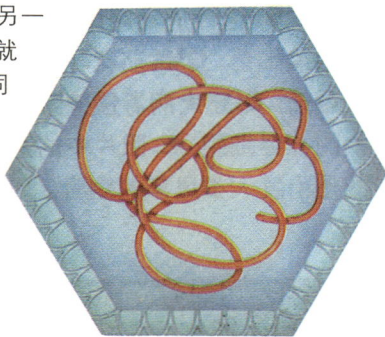

子实体

孢子在子实体内受精成形。

孢子脱离。

真菌

真菌是微生物王国中最大的家族，它的成员约有25万种。蘑菇是真菌中的一种。

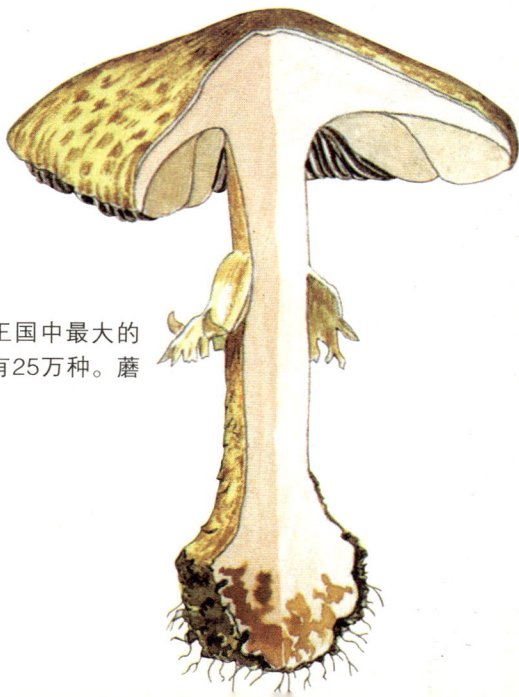

多姿多彩的植物王国

植物在我们身边随处可见，它们是生物中的一大类，大约有几千万种，包括我们知道的树木、花草等。植物之所以有不同的形状，是因为它们生活在完全不同的环境中。植物的形状和大小各不相同，有微小的苔藓，也有参天的大树。

果实

果实包括果皮和种子两部分。种子由种皮、胚和胚乳组成，其中包含有植物早期生长所需要的营养。

茎

茎支撑植物，使其向上生长，并运输水分、无机盐和其他营养物质到植物的其他部分。

根

根固定植物，并从土壤中吸取水分和无机盐。

向日葵是一种高等植物，具有根、茎、叶和真正的花朵。

植物的构成

植物的种类繁多，但是大多数植物通常由根、茎、叶、花和果实五部分组成。根、茎、叶负责运输水、无机盐和营养物质；花朵里含有生殖器官；果实就是植物的种子或包裹种子的部分，用来传宗接代。植物的各部分各司其职，协同工作，保障了植物的生长和繁衍。

叶

叶为整个植物制造食物，并提供大部分呼吸孔。

蕨类植物

蕨类植物是地球上最早出现的陆生植物。

花

花是植物的生殖器官，包含着花粉和卵细胞。花的雌、雄蕊之间通过传粉、受精作用，产生果实和种子。

裸子植物

裸子植物是地球上最早用种子进行有性繁殖的植物。

植物的分布和分类

植物分布极其广泛，任何一个地方都可能成为植物的生存场所。科学家根据植物有机体的完善程度，把植物分成低等植物和高等植物两大类。低等植物没有根、茎、叶的分化，如藻类、苔藓类植物等；高等植物大多有根、茎、叶等营养器官和复杂的生殖器官，且主要生长在陆地上，如蕨类、裸子植物、被子植物等。

被子植物

被子植物是地球上进化程度最高和分布最广的植物。

藻类植物

藻类植物是地球上最古老的一个生命类群。

越长越深的根

多数植物的生长都离不开埋藏在地下的根，植物生长的时间越长，根就会长得越深，这就是我们所说的"根深才能叶茂"。根是植物的重要营养器官，它从土壤中吸收水分和无机盐，同时它还具有输导、固着、支持、贮藏和繁殖的功能。

植物的根系很发达，这是露出地面的老树根。

庞大的根系

植物所有的根总称为根系。根系有两种类型：一类是由明显的主根和侧根结合起来的直根系，如大豆、棉花等；另一类是没有主根与侧根的区别、形状像胡须般的须根系，如水稻、小麦等。一般植物的根须非常多。一株小麦在地面上只有一根麦秆，而在地下却有7万多条根须。一株生长30年的苹果树，根的延展范围要超过树冠好几倍。

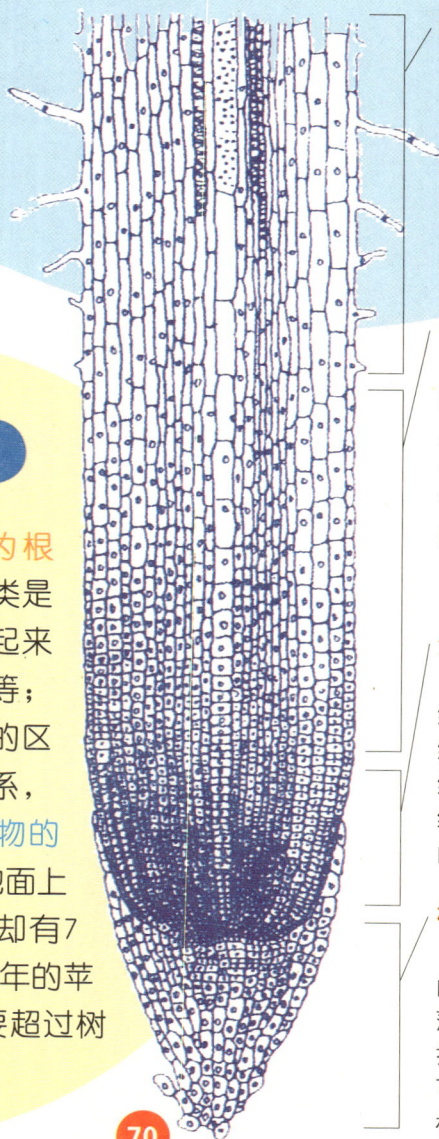

根毛区

根毛区最显著的特征是表面密被根毛。根毛的形成大大地扩大了根表皮的吸收面积，因此，根毛区是根行使吸收功能的主要区域。

伸长区

细胞逐渐停止分裂，迅速伸长生长，产生大液泡。后部分化出最早的导管和筛管，是分生区与成熟区的过渡区域。

分生区

是根的顶端分生组织，前端为原分生组织，后部为初生分生组织。分生区细胞持续分裂活动，增加根的细胞数目。

根冠

包围在分生区外的帽状结构，由许多薄壁细胞组成，起保护分生区的作用，并可分泌黏液，有利于根尖推进生长。

根的变异

我们常见的萝卜头上顶着翠绿的叶子，尾部还有长长的根须。萝卜胖乎乎的身体其实是它的根的一部分，属于植物的贮藏根，是由主根发育而成的。有一些植物由于受环境的影响或特殊原因的需要，根部发生了变态，不仅外貌和构造不同于一般植物的根，而且所起的作用也与普通的根不同。例如，植物中较常见的气生根、吸根、块根，贮藏根等。

甘薯的块根可以吸收和储藏养分。

玉米的气根是从茎上长出来的，它们能在空气中生长。

榕树的枝干上生有许多气生根，能充分吸收空气中的水分和养分。

成为枝干的茎

茎是植物身体的重要组成部分，它是植物体的支柱，它支撑着枝叶，使枝叶充分舒展在阳光底下。茎还是植物体的运输器官，通过它，植物把从根部吸收来的水分和矿物质输送到叶内，同时把叶内产生的营养物质输送到植物体的其他部分。

木质部

木质部负责输送水分和矿物质，传输速度较快。

韧皮部

韧皮部负责输送营养物质，传输速度比木质部慢得多。

正常茎

通常，正常茎依质地可划分为木质茎与草质茎。木质茎是木质发达的茎。植物中，茎高大、主干明显、下部少分枝的为乔木；茎矮小、主干不明显、下部多分枝的为灌木；茎粗长且柔韧、上升必需依附他物的为木质藤本。草质茎是木质部不甚发达的茎，茎秆柔弱，常保持绿色，且不会长得很粗，寿命也较短。

桦树粗壮的树干是木质茎。

变态茎

由于环境发生变化，有些植物的茎为适应环境变化而发生了一些变化，成为变态茎。变态茎可以分为地下变态茎和地上变态茎。常见的有根状茎（如藕）、球茎（如荸荠）、块茎（如马铃薯）、鳞茎（如大蒜、洋葱）、茎卷须（葡萄上的卷须）、茎刺（玫瑰花）、叶状茎（如天门冬）、肉质茎（如仙人掌）等。

芽
未萌发的茎、枝或花，位于茎顶端的为顶芽，位于旁侧的为侧芽或腋芽。

节
芽与叶的着生部位，通常凸出或微凹。

节间
即节与节之间无叶的部分。表面常有许多隆起或凹陷的细小裂隙状皮孔。其形状大小常随植物种类不同而有所不同。

仙人掌为了适应干旱的环境，进化出绿色的肉质茎。

地下茎的种类很多，如马铃薯的块茎、芋头的球茎、郁金香的鳞茎、木贼的根茎。

形形色色的叶

叶生长在茎的节上，是植物的营养器官之一。**大多数叶都由细而扁平的叶片以及叶柄构成。**植物精心地排列自己的叶子，以便能够最好地利用阳光。**叶片担负着进行光合作用、蒸腾作用和气体交换的重任，**不断为植物提供能量，为人类提供生存必需的氧气。

叶子能吸收二氧化碳，吐出氧气。

表皮细胞

表皮细胞排列紧密，无色透明，从而有利于光线透过。

角质层

角质层易透光不易透水，可以起到保护作用。

栅状组织

细胞圆柱状，与上表皮垂直而排列整齐。

海绵组织

在栅状组织下方，细胞形状不规则，排列疏松而间隙显著。

叶脉

叶脉支持着叶片，有利于叶片充分得到光照；叶脉里的输导组织，是运输光合作用原料和产物的通道。

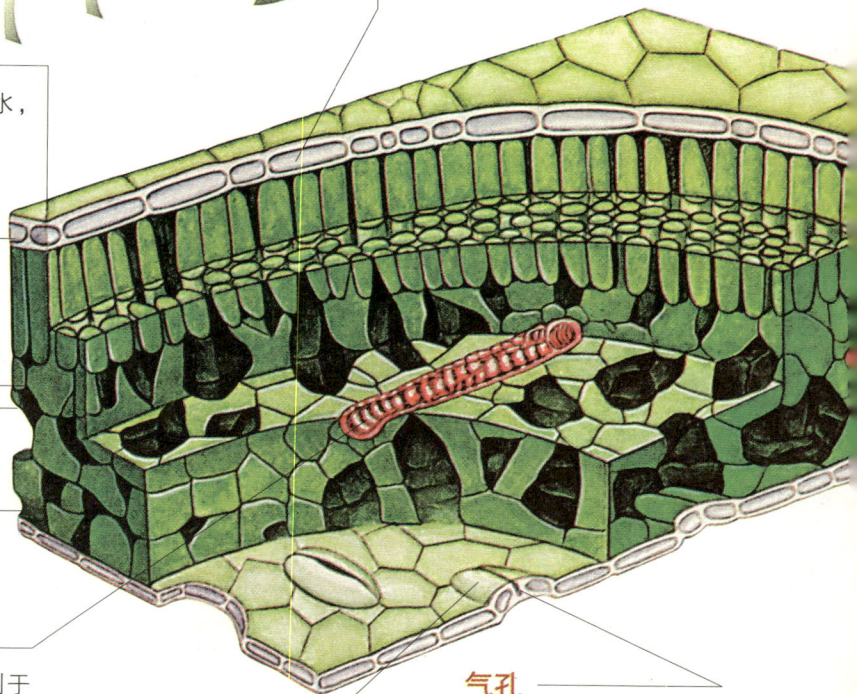

保卫细胞

保卫细胞内壁厚，外壁薄。

气孔

气孔可以张开或关闭，是气体交换和水分散失的门户。

叶子可以分为单叶和复叶两个种类。

叶的构成

叶分为叶柄、叶片和托叶3个部分。叶柄是水分和营养的运输通道，而且能支持叶片伸展，使它更好地接受阳光照射；叶片一般呈绿色扁平状，不同植物叶的形状各不相同；托叶长在叶柄的两侧，通常细小、早落，在叶发育早期起到保护幼叶的作用。并不是所有的叶都具有这些结构，比如樟树、泡桐、丁香的叶就没有托叶，莴苣、蓝桉的叶没有托叶和叶柄。

许多树木的叶到了秋天就会变成黄色或红色。

叶的形态和颜色

叶子的形状大小各式各样，此外，还有各种各样的变态叶，如落叶生根植物的繁殖叶、食虫植物的捕虫叶、仙人掌的针状叶等。大多数植物的叶是绿色的，但也有些植物的叶是其他颜色的。如秋天来临时，枫树、槭树、黄栌树等的叶因花青素存在而变得特别红。此外，大多数绿叶到了秋天会因叶绿素减少而变枯黄。

世界上植物的叶子形状各不相同。

五颜六色的花

自然界的花绚丽多姿，深受人们的喜爱。尽管把这个世界打扮得如此美丽的鲜花有着各式各样的面孔，但是它们却都有着大致相同的基本构造和相似的特性。植物为什么要开花呢？它们之所以开花，只有一个目的——繁殖后代，产生种子。

郁金香通常在清晨7时30分左右绽放。

花的种类

花的种类很多。有的属单花，即花柄上只长一朵花；有些则紧密地排列成一簇，形成花序。水稻、丁香花序的外形像圆锥，称为圆锥花序；人参、葱的花向四周放射，像打开的伞，称为伞状花序；车前草、马鞭草的花朵无柄或柄很短，叫作穗状花序；菊花、向日葵的花集中在花托上，称为头状花序。

头状花序

植物中具有头状花序的种类很多，庞大的菊科植物几乎都是头状花序。

花冠

花冠色泽鲜艳，吸引昆虫前来授粉。

雄蕊

雄蕊上的花药里，附着着许许多多细小的花粉粒。

雌蕊

昆虫把花粉留在雌蕊的柱头上。

穗状花序

穗状花序的特点是花轴直立，其上着生许多无柄小花。

花萼上面藏有萼片，用来保护花的幼芽。

花色花香

　　植物开花最主要的目的是为了吸引各种昆虫来为它们传粉。花的颜色是由许多色素相互配合组成的，其中主要色素是花青素和类胡萝卜素。有些花在具有美丽颜色的同时还会有香味。花香是由花瓣中的一种油细胞制造出来的，这种油细胞能分泌出散出香气的芳香油。当然也有一些花会散发出怪异的气味。

　　大王花为了吸引苍蝇前来为它传递花粉，常常散发出一种难闻的臭味。

圆锥花序

整个花序由许多小的总状花序组成，如丁香、南天竺等的花序。

丰收的果实与种子

植物最终都会以果实或种子的形式宣告一个生命周期的结束。植物本身能供给人类作为食物的部分要算果实最多。清脆可口的瓜果、耐藏滋补的干果、成为人类粮食的稻谷和麦粒，还有被称为"长生果"的花生等，都是植物的果实。

不同植物的果实味道各有特点。

这些美味水果都是植物的果实。

果实的结构和味道

果实包括果皮和种子两部分。成熟的果实果皮细胞分化为外果皮、中果皮和内果皮。核中的仁就是种子。植物的果实之所以会有酸、甜、苦、辣的不同味道，是由于它们的细胞内所含化学物质不同。果实酸是因为含有苹果酸、柠檬酸等酸性物，甜是因为含糖，苦是因为含生物碱，辣是因为含辣椒素。

授粉

含有雄性精子的黄色花粉从雄蕊中释放出来，并被携带至雌蕊的柱头。

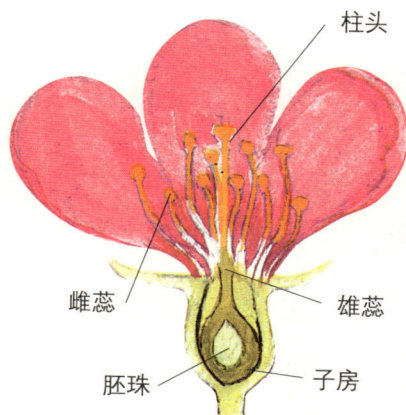

柱头

雌蕊

雄蕊

胚珠

子房

内果皮

在最里面一层，有的硬质化，如桃、李的硬核；有的内果皮的壁上生出许多囊状多汁的腺毛，成为可食用的部分，如柑橘的内果皮。

中果皮

中果皮多为薄壁组织构成，但变化较大，有的富于浆汁或肉质化，如肉果中的桃、杏可食用的部分便是中果皮；有的中果皮内维管束较多，呈网状分布，如柑橘，果实成熟后即为橘络。

外果皮

通常外果皮不肥厚，由1～2层细胞构成，具角质层和气孔。果实未成熟时，外果皮的薄壁细胞多含叶绿体，成熟时，转为有色体，致使果实有不同的颜色。

果实的形成过程

花粉落到雌蕊上后，会慢慢地钻到雌蕊内部，与胚珠结合在一起。这时候，胚珠会渐渐发育成种子，而包在胚珠外面的部分则长成果实。一个果实中常常包含好多种子，以保证植物能够大量繁衍后代。一般而言，果实的形成与受精作用有着密切联系，花只有在受精后才能形成果实。但有的植物在人为控制下，不经受精，子房也能发育为果实。

红柳开花结果后，果实裂成三瓣，撒出许多细小的种子，借助顶端的毛束，轻盈地飞翔，去远方扎根。

受精

花粉形成花粉管，下伸至胚珠。精子使雌细胞受精。胚珠开始在子房中发育成种子。

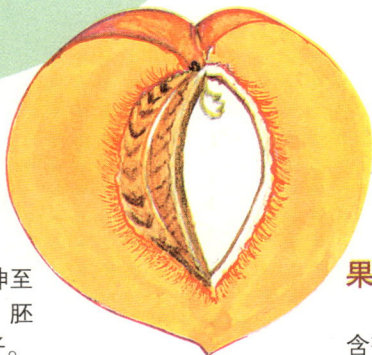

果实成熟

子房成长为一个含有种子的果实。

生机勃勃的动物界

动物与人类的关系最为密切，它们是生物界中种类最为丰富的一类生物，共有100万种以上，其中身体结构复杂、具有脊椎的动物大约有24000种。尽管动物多种多样，但它们都具有一定的特征，与植物、微生物既有很大的差异又有密切的关系。

蚂蚁视觉非常灵敏，能通过陆地上的景物来认路。

动物需要觅食，以维持生命。

动物界充满了运动的活力。

动物不同于植物的特征

生机勃勃的动物与植物有很大的不同，它们的最主要区别是：动物要靠进食来维持生命；大多数动物都能四处活动；许多动物都具有像眼睛、耳朵一样的特殊感觉器官，它们凭借这些器官来感觉周围的一切信息。动物还有一些可以迅速传递周围信息的神经细胞，使它们对变化能够快速地做出反应。

恐龙是历史上曾经大量出现而现在已灭绝的一类大型脊椎动物。

环节动物的身体都很软,是无脊椎动物的典型代表。

动物的分类

科学家按照动物的形态结构、生理特点等要素,把动物分为无脊椎动物和脊椎动物两大类,又按照动物从低等到高等的进化顺序,把无脊椎动物分为原生动物、海绵动物、腔肠动物、扁形动物、线形动物、环节动物、软体动物和节肢动物等,把脊椎动物分为鱼类、两栖类、爬行类、鸟类和哺乳类等。

水生动物种类很多,有些长得十分漂亮。

脊椎动物都有自己独特的感官,如猫和狗有灵敏的嗅觉。

结构简单的无脊椎动物

　　没有脊柱的无脊椎动物大都形体不大、结构简单。它们的神经几乎都在腹部，心脏位于消化管背面。自然界中的无脊椎动物大约有100多万种，较为常见的种类也不少。无脊椎动物不仅包括海洋中的水母、章鱼等动物，还包括陆地上的各种昆虫。

色彩艳丽的海葵是一类
结构简单的无脊椎动物。

软体动物

　　软体动物的身体都很柔软，并且多生有一层套膜来包裹身体。

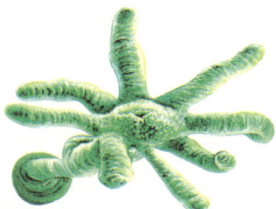

腔肠动物

　　腔肠动物大约有1万多种，大多数生活在海水中。

节肢动物

　　节肢动物约占动物总数的75%以上，昆虫就属于节肢动物。

无脊椎动物的物种体系

　　无脊椎动物是个多样化的物种体系，其门类和种数不但在整个动物界中占主要地位，在全部生物中也占优势。无脊椎动物除没有脊椎骨以外，几乎没有什么其他的共同特征，只是存在着一点点相互有别的亲缘关系。各种无脊椎动物都有着各自不同的形态和生活方式。

美丽的水母在海洋中自由地游动。

无脊椎动物的身体特点

大多数无脊椎动物有着明显的前端和后端，感觉器官靠近口部簇生，这种构造可以帮助它们在向前运动时及时发觉新情况并迅速采取应对措施，使运动更快、更敏捷。许多无脊椎动物都有着可以分成一些环节的躯体，这种构造有利于它们改变形状，以复杂的方式进行运动。如蜈蚣的多数环节上都长有一双腿，运动时异常灵活。

绦虫身体柔软，没有腿，是无脊椎动物中的一种。

砗磲是贝类中最大的一种，它的贝壳很大，甚至可以给婴儿当洗澡盆。

随处可见的昆虫

凡昆虫家族的成员，大多数成虫的身体分为头、胸、腹三部分，且胸部都会长出腿和翅膀，脑袋上还有一对能灵活摆动的触角、两只复眼和一个口器。昆虫几乎存在于所有的栖息地中，是地球上数量最多的动物种类，几乎随处可见。

飞蛾的耳朵长在腹部，能探听到其他动物靠近时发出的声音，以便及时躲避敌害。

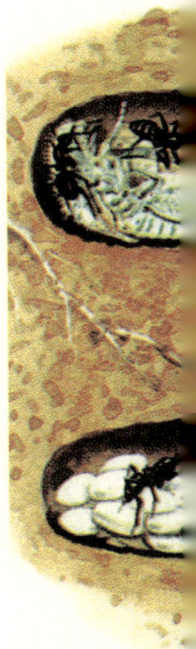

昆虫的种类

迄今为止，科学家们已经为近百万种昆虫命了名，但他们还是会经常发现一些新的种类。昆虫有如此多的种类主要是因为它们的繁殖能力和环境适应能力很强。根据昆虫身体的构造和幼虫发育的方式，科学家们把昆虫分成了五大类：甲虫，蝶和蛾，蚂蚁、胡蜂和蜜蜂，蝇，蜻类和其他昆虫。

蜜蜂

蜜蜂与蚂蚁和胡蜂构成了昆虫的第二大类，它们的共同特征是生有一个细腰。

蛾子

蛾子是常见的一种昆虫，它们全身被许多微小的鳞片覆盖。

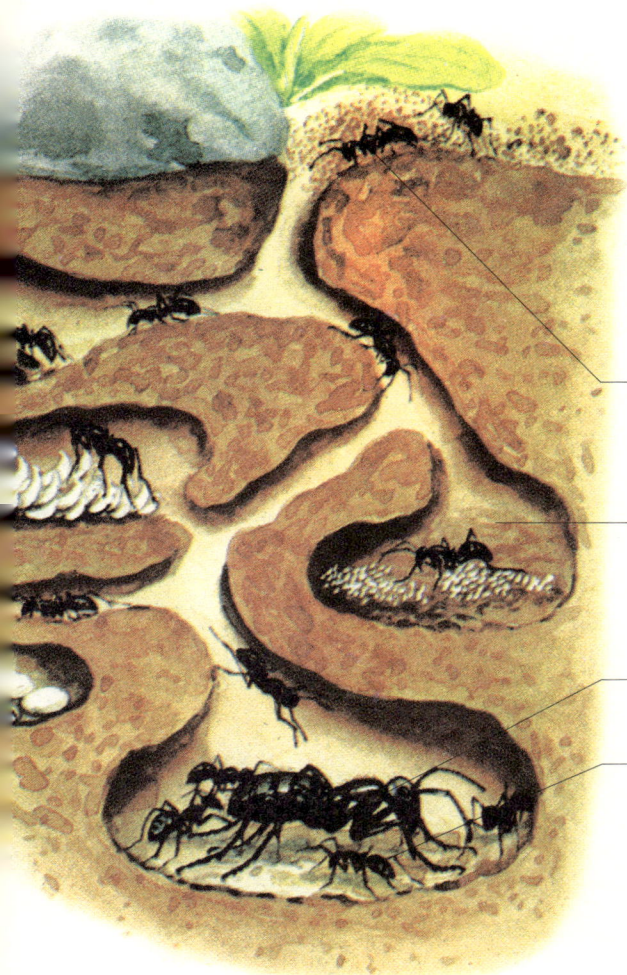

甲虫

　　甲虫是昆虫家族中的第一大类。

工蚁

　　工蚁是生殖系统发育不全的雌蚁，负责觅食、筑巢、饲养幼蚁等一系列工作。

巢穴

　　这是黑蚁的巢。黑蚁的巢很复杂，每一处都有不同的用处。

蚁后

　　蚁后（雌蚁）负责产卵。

雄蚁

　　雄蚁负责交配。

昆虫的感觉

　　虽然昆虫的形体很小，但是它们却拥有比许多大型动物更为灵敏的感觉。比如它们可以看到人眼看不到的紫外线，听到人耳听不到的声音，嗅到百米之外的同伴的气味。昆虫可以通过很多途径去感知它们周围的环境，它们最明显的感觉器官是眼睛和触角。昆虫的生活与其感觉是分不开的。

昆虫的复眼由许多六角形的小眼组成。

游来游去的鱼

鱼是我们比较熟悉的动物，它属于生活在水中的脊椎动物。鱼的种类繁多，我们平日所见到的只是很少的一部分。据估计，自然界的鱼类有22000多种，其中少数生活在淡水中，多数生活在海里。不同鱼的形态差别很大，但是特点基本相同：身体有鳞覆盖，用鳍游泳，用鳃呼吸。

蝴蝶鱼的骨骼是骨质的，属于硬骨鱼类。

背鳍

背鳍是沿水生脊椎动物的背中线而生长的正中鳍，为生长在背部的鳍条所支持的构造，主要对鱼体起平衡的作用。

鱼游动的秘密

大多数鱼都通过摇摆身体，靠肌肉收缩产生向前的冲力来游动，鱼鳍在其中起着控制运动的作用。鱼鳍能使鱼游动时在水中保持直线并稳定方向。成对的胸鳍和腹鳍控制鱼的俯仰角度，当鱼想停止前进时，鱼鳍也可起制动作用。成单的背鳍和臀鳍能够使鱼的身体保持直立，防止鱼身朝两边翻倒，而尾鳍的作用则更像船中用到的舵。

腔棘鱼因其胸鳍连有硬骨，而能用鳍行走。

尾鳍

尾鳍可以保持平衡，是游泳时候前进的推进器，相当于船转弯时候的舵。尾鳍决定运动的方向，若失去尾鳍，鱼就不会转弯。

鱼类的骨骼

鱼类的外表形状各异，但是它们的骨骼构造却有许多共同之处。鲨鱼等软骨鱼类的骨骼全部由软骨构成，鲑鱼等硬骨鱼类的骨骼则主要由硬骨构成。鱼类中硬骨鱼居多，它们的硬骨主要分为软骨化骨和膜骨两种。软骨化骨是软骨在长期的生长过程中逐渐硬化而形成的，而膜骨是由鱼的外皮形成的。

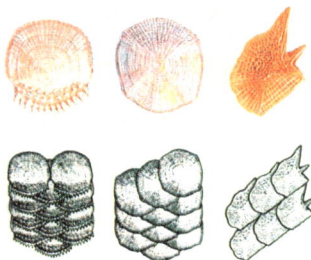

臀鳍

协调其他各鳍，起平衡作用，若失去臀鳍，鱼体会轻微摇晃。

胸鳍

相当于陆生动物的前肢，着生于鳃盖后缘的胸部，对鱼类具有运动、平衡和掌握运动方向的机能。当鱼停止前进时，胸鳍用于控制鱼体的平衡；缓慢地游动时，胸鳍又起着船桨的作用。

大多数鱼都长有朝向体后分布的鳞片，图为硬骨鱼类的鳞片。

鲨鱼是软骨鱼的代表，只生活在海洋中，它们的骨骼由弹性好的软骨构成。

旗鱼是一种大型的硬骨鱼，坚实的脊椎使旗鱼在游动中保持平稳。

水陆两地生活的动物

自然界中有一类既能生活在陆地上又能生活在水中的动物，我们把它们称为两栖动物。两栖动物的数量相当少，已知的仅有约2300种，常见的有蛙、蟾蜍、蝾螈和蚓螈等。多数两栖动物在水中度过生命的早期阶段，在陆地上度过成年时期。

耳朵

蛙的耳朵很特别，其鼓膜露在外面。

皮肤

蛙的皮肤被黏液包围，减少了在水中运动时的摩擦。

后肢

蛙的后肢肌肉发达、强壮有力，有利于在陆地上跳跃。

蹼

蹼是为了适应水中生活而生的，可以让蛙在水中自由地划水。

蛙或蟾蜍在水中产卵，小蝌蚪就是这些卵孵出来的。

蛙和蟾蜍

蛙和蟾蜍构成了两栖动物中数量最多且差异最大的一个群体。通常，蛙跳跃着前进，身体表面潮湿、黏滑；蟾蜍爬行前进，身体表面干燥、多瘤。但是并非所有的蛙和蟾蜍都是如此。世界上有些地方有皮肤干燥多瘤的蛙，也有皮肤潮湿、黏滑的蟾蜍。几乎所有蛙和蟾蜍都是食虫动物，它们的大嘴能完整地吞下食物。

蟾蜍和蛙在外形上很相似。

眼睛
蛙的眼睛大而突出，可以放大视野范围。

前肢
前肢有四趾。

蚓螈长得像蚯蚓，但却比蚯蚓大得多，而且它还以蚯蚓为食。

蝾螈和蚓螈

蝾螈个头不大，皮肤光滑，长着尾巴，用腿行走。一些蝾螈长期居住在水中，另一些完全住在陆地上，其中一些种类甚至栖息在阴暗、湿润的洞穴中。蚓螈是无腿且像虫的两栖动物。有些种类身体上有细小的呈环状的鳞片。蚓螈生活在热带，在水中或地下度日。它们用钝钝的头钻土寻找蠕虫、白蚁和蜥蜴，用尖利的牙齿来切割所捕获的猎物。

火蝾螈的身体呈圆柱状，颈部不明显，尾巴肥硕。

爬着前进的动物

爬着前进的动物通常是指我们所说的爬行动物。它们大多生活在陆地上，也有些生活在水里。目前，人类已知的爬行动物约有6000种，它们是从恐龙统治地球的时代遗留下来的幸存者，如蛇、蜥蜴、乌龟、海龟以及鳄鱼等。爬行动物有干燥、多鳞、具有水密性的皮肤，生命力很强。

斑点
壁虎的斑点起保护色作用。

鳞
细小的粒鳞杂以较大的疣鳞，缀成纵行。

体色
大壁虎的体色因环境不同而发生变色，利于伪装。

脚趾
脚趾上有尖尖的爪子和窄窄的趾垫。

鳞
腹部鳞片较大，略呈六边形。

脚趾
脚趾扁平，下方皮肤形成褶襞，利于攀附在光滑物体上。

爬行动物的种类

爬行动物主要分龟鳖目、鳄目和有鳞目三目。龟鳖目约有200多种，它们都长有坚硬的背甲，如乌龟、海龟等；鳄目的体表覆盖着大型角质鳞板，如短吻鳄、长吻鳄等；有鳞目约有5500多种，它们体形较为细长，体表覆盖着角质鳞片，如蜥蜴、变色龙和蛇等。

蛇
　　肉食性爬行动物，以青蛙、小鸟等为食。

尾巴
　　长长的尾巴是御敌的工具之一。

爬行动物的食性

　　爬行动物的食物范围较广。大部分爬行动物都是肉食动物，如蛇和鳄鱼。很多种类的蜥蜴以昆虫为食，如一只壁虎可以在一夜之间吃掉相当于它们体重一半的昆虫；有些种类的蜥蜴食素，如鬣蜥只吃海草。龟类是杂食动物，常以植物或昆虫为食，海龟则以海鱼、海绵和小蟹等动物为食。

龟
　　龟是一类可以长时间不进食的动物，可以算是世界上最长寿的动物。

鳄鱼
　　鳄鱼被称为"爬行之王"。

自由翱翔的鸟

世界上有上万种羽色、形体和大小各不相同的鸟，它们中的大多数都能展翅翱翔。鸟类的独特体形非常适合飞行，借助翅膀的作用，鸟类能在天上猛扑、滑翔和盘旋。当然也有一些翅膀已经退化的鸟，它们只会跑或跳，而不会飞翔。

猛禽有着尖利的爪、强有力的翅膀和敏锐的视觉。

轻质的颅骨
鸟类的颅骨呈典型的轻质蜂巢状。

喙
鸟类有喙而没有牙齿。鸟喙因鸟的食性不同而有很大的区别。

眼睛
鸟类的视觉比嗅觉发达，良好的视觉使它们能在空中很容易看到食物。

鸣管
鸣管是气管中的一个腔室。鸟类的各种鸣叫声都由此发出。

心脏
与相同体形大小的哺乳动物相比，鸟类的心脏比哺乳动物的大。身体越小，心跳越快。

股骨
陆生脊椎动物的骨骼内充满了骨髓，但是鸟类的大型骨头却是中空的。股骨也不例外。

鸟的体形

鸟的体形特别适合于飞行：头部小而前方尖，这有利于减少飞行中空气的阻力；身体表面布满轻而顺滑的羽毛，能减少鸟飞行的阻力；尾羽相当于汽车的方向盘，具有变换飞行方向和控制平衡的作用；翅膀上分布着排列整齐的飞羽，多数鸟类通过不断地扇动两翅，翱翔于无边无际的天空。

正羽

正羽是成年鸟的主要羽种，包括体羽、尾羽、翼羽等。

鸟的生理结构

鸟的胸肌很发达，胸肌的收缩和舒张可以带动翅膀上下扇动，并产生足以支持并超过鸟体重的力。鸟的骨骼既坚实又轻巧，这使得鸟的体重大大减轻，适于飞行。另外，鸟的呼吸系统和飞行配合得也十分巧妙。鸟飞得越快，呼吸作用越强，氧的供应也就越多，所以鸟在高空飞行时，不会因缺氧而窒息。

肾脏

鸟类不像哺乳动物那样产生尿液，而是产生一种白色半固体状的鸟粪，这样可以减少水分丧失。

肠

鸟类的直肠特别短，不能积存粪便。这种结构有利于飞行时减轻负重。

卵巢

卵巢是雌鸟的生殖器官。大部分哺乳动物有两个卵巢，一左一右，但因为重量是影响飞行的一个因素，所以鸟类只有一个卵巢。

气囊

气囊是用于装空气的囊袋，它可以使鸟变得更轻，并有冷却身体的功能。气囊将空气送进及送出肺。

鸣禽有发达的鸣管，多数能发出美妙动听的声音，比如喜鹊。

鸟的羽毛是鸟在空中获得升力的主要结构。

吃奶的动物

哺乳动物的特征是用乳汁喂养下一代。大多数哺乳动物的身体由头、颈、躯干、四肢、尾组成，表面有毛。哺乳动物靠四肢在陆地上行走，胎生。但也有一些哺乳动物的行为表现很特异，如蝙蝠会飞，鸭嘴兽是卵生的，袋鼠用袋子育儿等。

鸭嘴兽是哺乳动物中以卵生方式繁殖后代的一类动物。

蝙蝠是仅有的一类会飞的哺乳动物。

尾巴

哺乳动物的尾巴是其脊椎的延长。不同种类的哺乳动物的尾巴在大小、形状和功用上各有不同，如布满斑纹的长尾是老虎进行捕食和防卫的有力工具。

哺乳动物的共性

世界上有4000多种哺乳动物，虽然它们都已经高度进化，但仍具有很多共性。所有的哺乳动物都靠吃母乳长大，体温基本恒定，身上披有毛发，以保护身体、隔绝冷热。哺乳动物拥有比其他脊椎动物更大的大脑，能更好地控制自己的思维，这在灵长类动物，如猴子、猩猩和人类中比较明显。哺乳动物能不断改变自己的行为，以适应环境的变化。

哺乳动物的身体结构

哺乳动物的体形大小不一，但都由强有力的脊椎支撑着。在骨骼结构上，哺乳动物都有一对枕髁，使头和第一颈椎形成关节，从而能有更大的活动自由；有次生的口腔骨质硬颚，使鼻腔与口腔隔离。哺乳动物长有不同类型的牙齿，并且功能各异。多数哺乳动物都长有外耳和尾巴，对外界环境的变化反应迅速。

北极熊的皮毛具有御寒防水的功能。

耳朵

多数哺乳动物的耳朵长在外部，能使声音直接进入大脑，由此判断声源的方向。

鼻子

和许多哺乳动物一样，老虎的嗅觉十分灵敏。

皮毛

皮毛密实，不仅能御寒，还能有效地隔热。

黑猩猩的大脑相当发达，它常能表现出一些简单的类似人类行为的动作或表情。

各不相同的胃口

动物必须不断地寻找食物和水，以满足生存的需要。动物的取食范围很广，它们的食物从植物到动物，甚至一些残骸，无所不包。有些动物以植物为食，有些动物靠猎食其他动物为生，还有一些动物只吃怪异的食物，如秃鹫以腐尸为食。

动物之间的食物关系极为复杂，狮子能捕杀比它们体形大好几倍的水牛。

食肉和食草的动物

有些动物以捕食其他动物为生，我们称这类动物为食肉动物。动物类食物含有丰富的养分，但却不易获取，为此食肉动物需要付出很大的努力才能捕到猎物。还有一类动物专吃植物，我们称之为食草动物。食草动物不光吃草，也吃树叶、嫩枝、幼芽、果实、种子或者蘑菇。有的食草动物从不挑食，有一些则只爱吃草或是果实。

鹰是食肉的鸟类，以鼠、兔这类小动物为食。

蜣螂又名屎壳郎，是一种专门以粪便为食的怪食性动物。

无所不吃的动物

有些动物什么都吃，我们称这类动物为杂食动物。这些动物中有的一年到头以各种各样的东西为食，有的则随着季节更替改变食谱。为了获得营养，有些动物吸食其他动物的血，如蚊子；有的吃腐尸，如秃鹫；有些动物在食物短缺时会吃掉自己的亲骨肉，如猫头鹰、喜鹊；还有像鸡之类的动物，会吃一些能帮助它们消化的小石子。

獴是一种对农林有害的杂食性动物。

兔子是典型的食草动物。

大青虫专吃植物的叶子。

独特的生存本领

多数动物一生中要面对数不清的危险，其中很多危险来自想吃掉它们的动物。所以，为了生存，不同的动物都想尽办法，发展形成了适合自己的生存之道：有的自卫，有的搏斗，有的伪装自己，有的与其他动物共生共栖。

竹节虫在竹林中能很好地隐藏自己。

自卫与伪装

动物在生存的过程中都形成了独特的自卫武器，如坚硬的甲壳、尖锐的爪子、尖角、毒液等。这些"武器"是经过遗传变异发展成的。另外，有些动物在生存竞争中，逐步形成了独特的形体和奇异多变的"外衣"，以此来伪装。有些动物会让身体的颜色与环境协调，如变色龙；还有一些动物有着与生活环境相似的体态，被称为拟态，如竹节虫。

很多食肉动物只吃自己杀死的动物，一些动物在受到食肉动物的威胁时就会利用这一点装死避难。

争斗与共处

　　动物在生存发展过程中，同种动物或异种动物往往为了争夺食物、空间、配偶或其他需要而发生激烈的竞争，如老虎捕食兔子。两种不同的动物生活在一起，相互依存，这种方式叫共生，如海洋中的寄居蟹与海葵形成共生。两种都能独立生存的动物，由于一方或双方利益的关系而生活在一起，这叫共栖，如犀牛鸟与犀牛。

白鹭平常是一种温和的飞鸟，但在繁殖季节，雄鹭之间会为了争夺配偶而从地面打到空中。

犀牛与犀牛鸟相处得很和睦，它们是共栖的关系。

冬天，貂的皮毛颜色变得雪白，与雪地融为一体。

快速奔跑是许多动物面临危险时常用的逃生办法。

人类的近亲

哺乳动物以类人猿与人类最接近，它是人类的近亲。类人猿包括猩猩、黑猩猩、大猩猩和长臂猿。它们没有尾巴，可以双手悬空直立行走，智力水平很高，不仅能模仿人的动作，还具有简单的创造能力，因此可以说类人猿是最像人的动物。

黑猩猩正表现出一副欣喜若狂的样子。

猩猩全身覆盖着淡红色的浓密粗毛，所以又被称为红猩猩或赤猩猩。

猩猩与黑猩猩

猩猩全身覆盖着淡红色的浓密粗毛，主要生活在亚洲南部。猩猩性情较为孤僻，不喜欢过群居生活，多数都是母子一起生活。它们在树上安家，以树叶、果子为食，偶尔也吃小动物和蛋。黑猩猩则情感丰富，喜欢群体生活。黑猩猩可以通过面部表情、身体姿势和各种各样的声音来进行交流。另外，黑猩猩还非常聪明，能灵活地利用或制造工具。

黑猩猩的表情很丰富。

大猩猩与长臂猿

　　大猩猩的身体异常魁梧，因此被誉为森林中的"金刚"。看似凶悍的大猩猩其实性情非常温和，不会主动发起攻击。它捶胸顿足、上下跳跃、面露凶相的动作，只是为了威吓敌人。长臂猿两臂较长，用来攀援。在树上，它将两只长臂互相交叉移动，如荡秋千那样越荡越快，在树林中一跃就能飞跃5～6米的距离。在地面上直立行走时，长臂猿的两臂则向上举或向后伸。

看似凶猛的大猩猩实际上很温和。

长臂猿是所有灵长类动物中最灵活的一种。

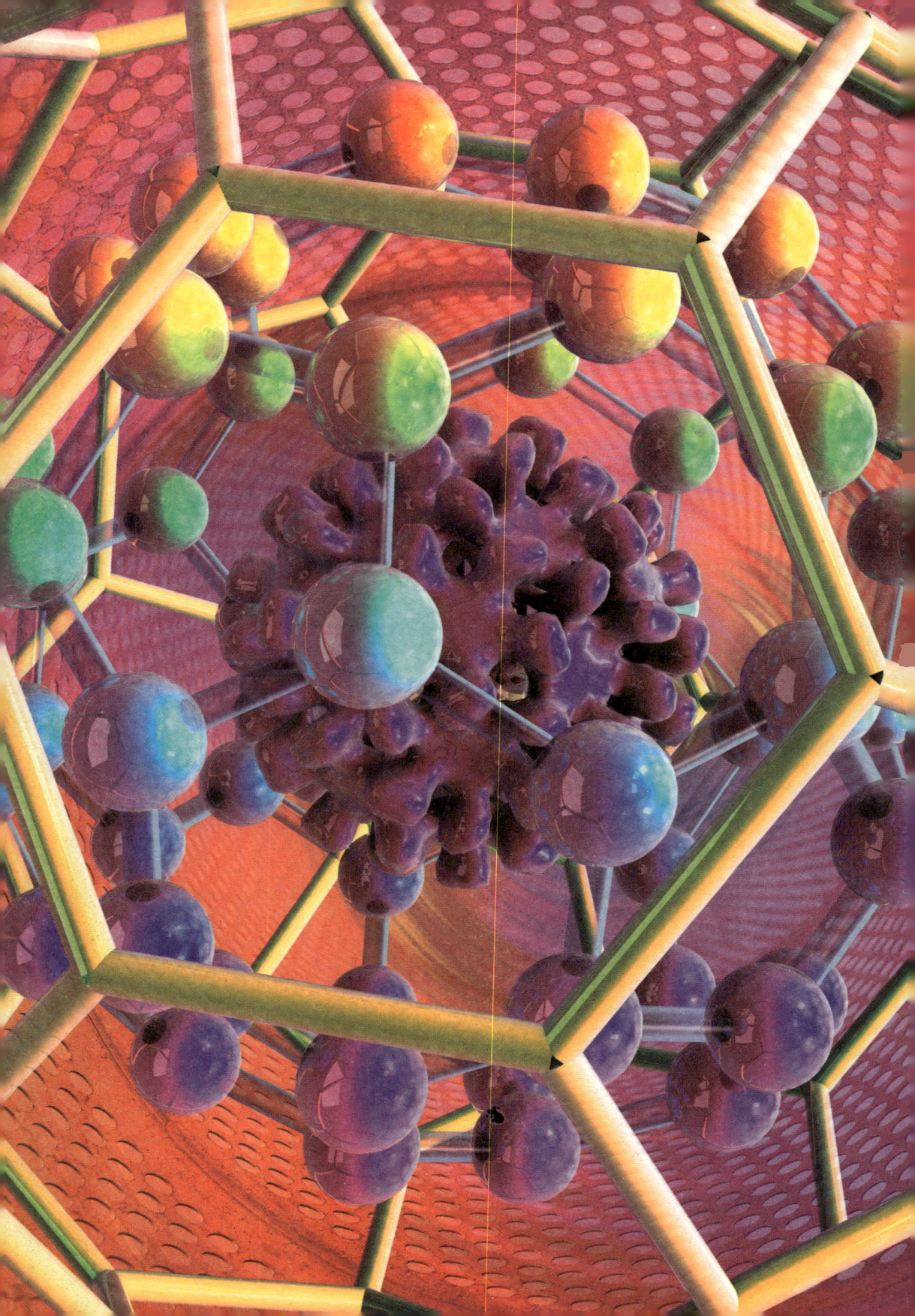

第四章

STUDENTS BOOKS

奇妙人体

QIMIAO RENTI

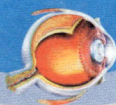

　　外表看似简单的人体其实是一台世界上最为复杂的"机器"。上亿个"零件"——细胞组成基本的架构，11个大的"组件"——系统协同工作，才使这台能够思考的"机器"运作起来。事实上，人体的结构远比我们想象中的这台"机器"复杂，因为我们还有许多谜团未能解开。或许，这些谜团就要等未来的你去一一解答了。

人体的保护层——表皮

人体的表皮起着重要的保护作用，包括皮肤、毛发和指甲。皮肤是体内和体外环境之间的一道屏障，能够阻止有害病菌的入侵，减缓水分丧失，保护人体免受日晒的伤害，使我们拥有感觉，还能帮助我们保暖。头发和指甲都是从皮肤中长出来的，是人体的保护性结构。

皮肤、毛发和指甲是个天然屏障，能阻止细菌侵入人体。

皮肤

皮肤长在身体的表层。除了长着眼睛、耳朵、鼻子和嘴等开口的部位，其他部位都是皮肤。皮肤可分成两层结构，上层叫表皮，它不停地生长，及时取代磨损的皮屑；下层叫真皮，内部有微小的触觉感受器、神经、汗腺、毛囊和血管等。在强光下，皮肤会产生超量的黑色素，来保护自身免受有害紫外线的照射。

指纹是最明显的皮肤纹理，每个人的指纹都是不同的。

人们皮肤的颜色是由人体内黑色素的多少决定的，这是人体适应环境变化的结果。

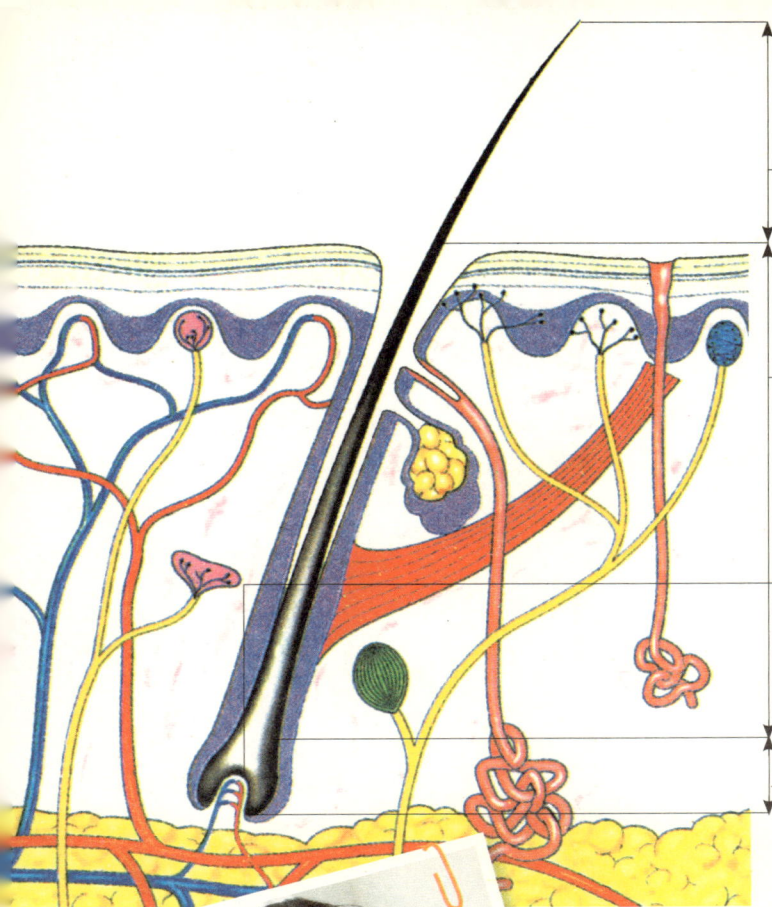

毛干

　　露出皮肤之外的部分，即毛发的可见部分，由角化细胞构成。

毛根

　　埋在皮肤内的部分，是毛发的根部。毛根长在皮肤内，我们看不见它。

毛囊

　　上皮组织和结缔组织构成的鞘状囊，外面包覆一层由表皮演化而来的纤维鞘。

毛球

　　位于毛发的根部，是最宽大的部分，也是毛发中唯一有生机的地方。

头发可以保护头部免受阳光灼伤。

毛发和指甲

　　人体大部分皮肤上面都生有毛发，只有极个别部位没有一根毛发，如手掌和脚掌。毛发由角蛋白构成。毛发中的细胞是死细胞，唯一活着的部分是毛发的根部。毛发有保护皮肤和维持体温的作用，这是因为毛发蓬松且不易导热，能防止体内热量散失。指甲和趾甲很结实，保护感觉灵敏的手指尖和脚趾尖。像头发一样，指甲也是由坚韧的角蛋白构成的。

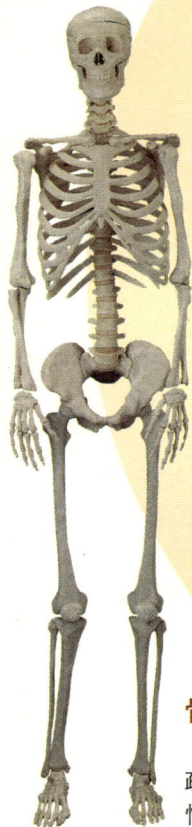

坚硬的骨骼和牙齿

人体内部有一个框架叫"骨架"，用来支撑我们的身体。骨架上的大多数骨头依靠关节和肌肉的拉力相连接，使我们能够行走、奔跑和跳跃。牙齿长在嘴里，被一层坚硬的釉质覆盖，能帮助我们咬碎食物，以便吞咽。

这是人全身的主要骨骼，人体就靠它们支撑着。

骨松质

骨松质呈海绵状，质地疏松，但具有轻便、坚固的性能。

骨密质

骨密质是骨质层的外层，由排列紧密而有规律的骨板构成，质地坚硬，可使骨骼变得很坚固。

人体骨骼

成人的骨骼由206块骨头组成。据形状，骨骼可分为4种类型：构成臂、手、腿和足的长骨，构成腕和踝关节的短骨，像肋骨、胸骨和颅骨（额骨）之类的扁平骨，不规则骨（如脊柱和脸部的骨骼）。大部分骨头的外层都十分坚硬，密度也很大。内部骨质则略微疏松，重量也比较轻，称为"海绵质骨"。

血管

血管为骨细胞供应营养和氧气。

骨髓

骨髓是在骨松质的腔隙内和长骨的空腔中充满的一种柔软的物质。

骨膜

骨膜位于骨的最外边，在骨骼的生长、修复中发挥着重要的作用。

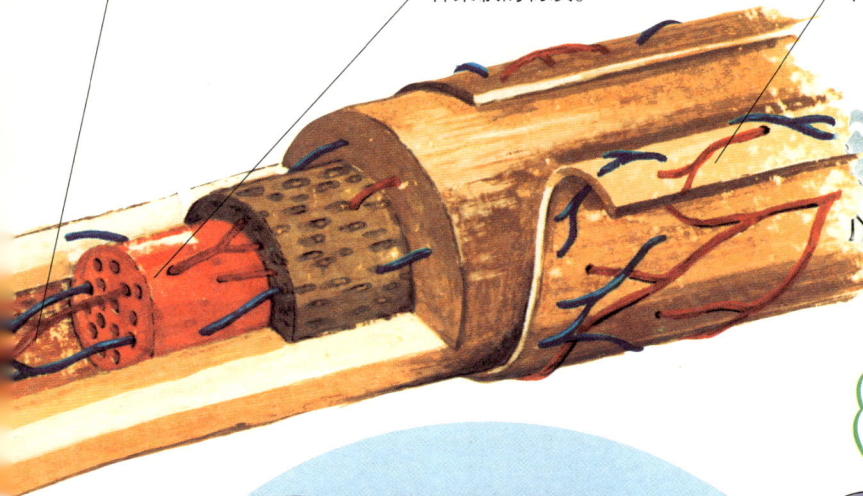

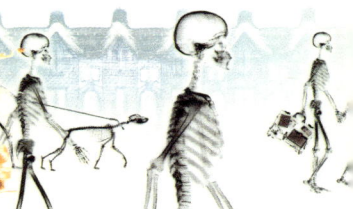

牙齿对我们有很重要的作用，一定要保护好！

坚固的牙齿

牙齿是具有一定形态的高钙化组织，主要是用于切断和磨碎食物的。人一生有两组牙齿，第一组牙齿称为乳齿，出生后不久长出，共有20颗，6岁左右开始脱落。然后第二组牙齿——恒齿（共32颗）在乳齿脱落后才长出来。牙齿靠牙根嵌在上、下颌骨的牙槽里。每颗牙齿里面都有由血管和神经组成的牙髓，所以有蛀牙的人会感到牙疼。

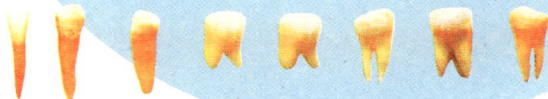

牙齿因分工不同而有不同的形状。

人们日常摄取的各种食物，通常要经过牙齿咀嚼后，才能输送到消化道分解。

给运动以力量的肌肉

人每天要做大量的运动，那么运动的力量来自哪里呢？来自肌肉。人体的肌肉布满全身，我们做的每一个动作都受肌肉的控制。肌肉通过牵拉骨骼到新的位置而产生运动，即使当我们什么都没有做的时候，看不见的肌肉也在运动，如消化食物、运送血液到达全身等。

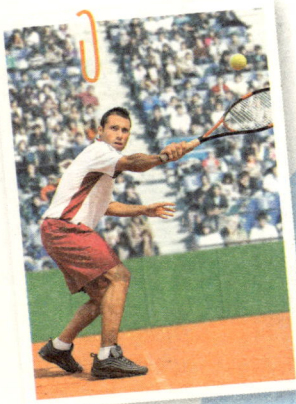

人体肌肉

人体全身各处都有肌肉，而不仅仅存在于有骨运动的地方。例如心脏和胃都含有肌肉。人体约有640块肌肉，在脸部就有50多块肌肉。肌肉约占人体重量的40%。人体最大的肌肉是大腿上部的臀大肌，最小的肌肉位于耳朵内部。肌肉由大脑控制，在精确的时间内准确无误地收缩或放松，以使身体保持直立、平稳、协调的姿势。

人体在跑跳的过程中会动用很多肌肉。

肌束
数条至十条肌纤维集合成肌束，外包肌束膜。多条肌束组成一块肌肉。

肌丝
肌丝是平行的丝状结构，有粗细之分。

肌纤维
肌细胞的形状细长，呈纤维状，故肌细胞通常称为肌纤维。肌纤维是构成肌肉的最小单位。每条肌纤维周围有肌内膜。

骨骼肌

由神经系统控制，可以有意识、自发地进行收缩和移动。

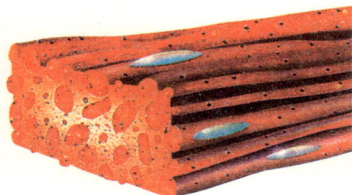

平滑肌

紧密地排列在内脏器官壁的肌肉层中。

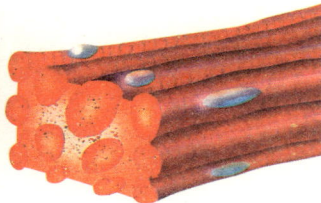

心肌

心肌有分支和横纹，位于心壁，在心壁中互相连接成网状结构。

肌肉工作

构成肌肉的肌细胞具有收缩的特性，它能按人的要求或放松或收缩，做出各种动作。肌肉常成对工作。如肱二头肌收缩并变短，肱三头肌放松并变长，就可使手臂在肘部弯曲；肱三头肌收缩，肱二头肌放松，手臂就伸直。肌肉通过肌腱这一坚韧的像绳索状的组织与骨头相连。肌肉收缩时，牵拉肌腱，肌腱再牵拉骨头，使肢体产生运动。

做仰卧起坐时，髂腰肌可以使人体的躯干和骨盆前屈。

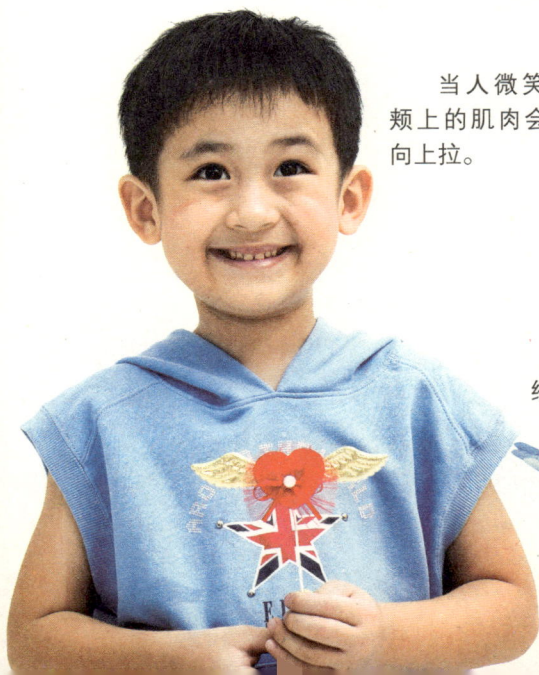

当人微笑时，面颊上的肌肉会把嘴角向上拉。

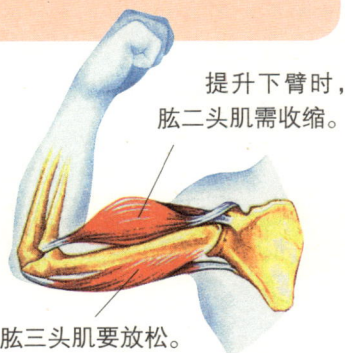

提升下臂时，肱二头肌需收缩。

肱三头肌要放松。

放下手臂时，肱三头肌需要收缩，肱二头肌需放松。

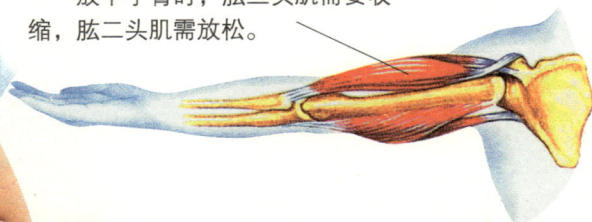

让你自由呼吸的肺

人需要吸入氧气才能存活下去。因为身体无法将氧气储存起来，所以人们需要通过呼吸来保证每分钟都有新鲜的氧气供应。进行呼吸活动，从空气中吸取氧气的器官构成了呼吸系统，其中肺能让我们自由呼吸，是呼吸系统中最主要的器官。

春天来了，赶快去外面吸点新鲜空气！

右肺

右肺有上、中、下三片肺叶，较左肺略大。健康人在一般情况下右肺通气稍多于左肺，这与右肺略大于左肺有关。

吹奏乐器时，呼气与吸气的量要比平时大。

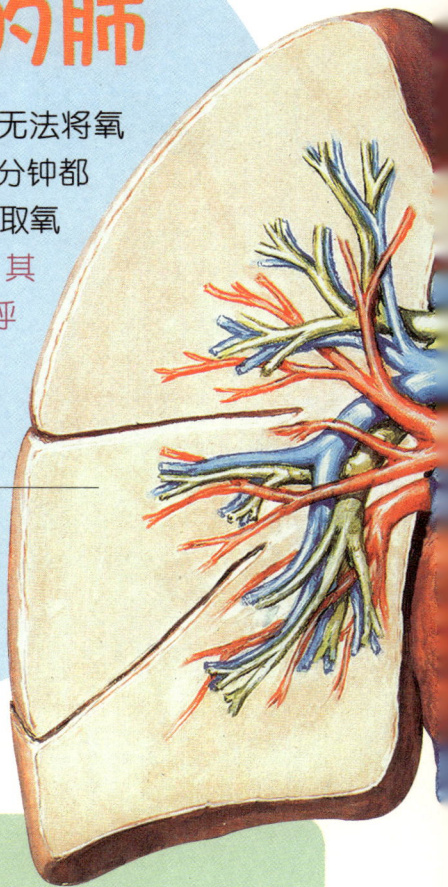

呼吸过程

呼吸主要是由两块肌肉完成的：一块是肺下边的横膈膜，另一块是每对肋骨之间的肋间肌。呼吸行为主要由呼气和吸气两个动作完成。我们的呼吸行为是通过肋骨运动来改变胸腔的形状而产生的。呼吸将氧气带进身体，将细胞产生的废物——二氧化碳排出体外。二氧化碳由血液汇集到一起，进入肺中随呼吸排出体外。

在我们吸入的空气中，氧气约占21%，而在我们呼出的气体中，氧气减少到15%。

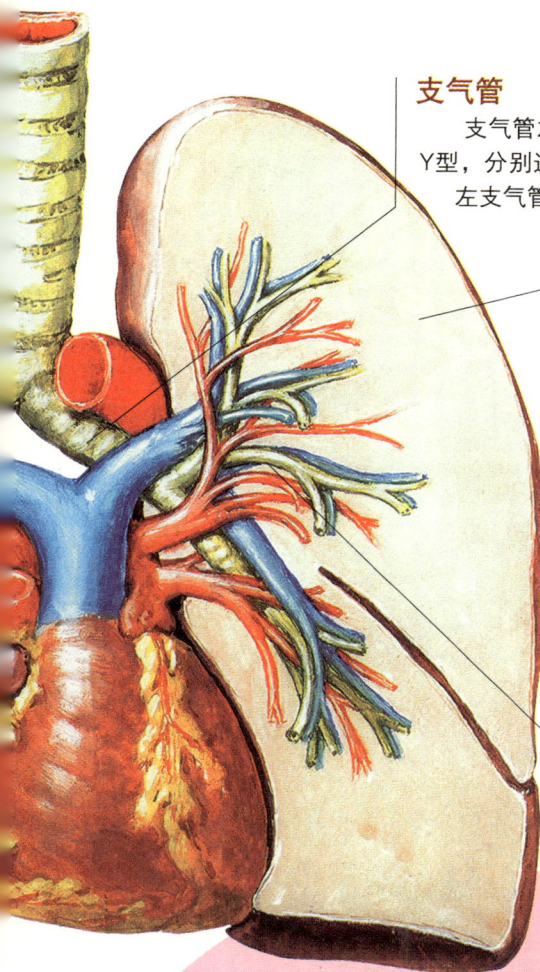

支气管

支气管左、右各一个，呈倒置的Y型，分别进入到肺的左叶和右叶。左支气管细长，右支气管粗短。

左肺

左肺与右肺不同，只有上、下两片肺叶。

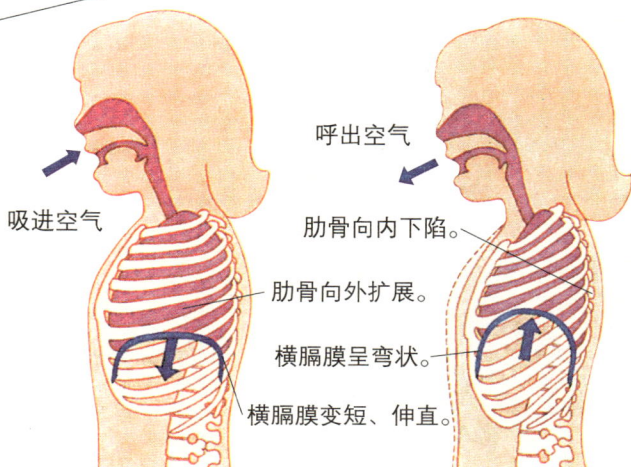

吸进空气

呼出空气

肋骨向外扩展。

肋骨向内下陷。

横膈膜呈弯状。

横膈膜变短、伸直。

细支气管

细支气管是分布于肺中的细小通气导管，从支气管内分出后不断变窄。

肺泡是肺内进行气体交换的小泡囊，它们像一个个小气球，有非常薄的壁。

肺的结构

人的肺位于胸腔内，左右各一，与支气管相连。从支气管分出的细小管子叫细支气管。在细支气管的末端是被称为肺泡的空气囊。每个肺叶约有3亿个肺泡。肺泡由微小的血管网包围着，这些血管网叫做毛细血管。氧气经过薄薄的肺泡壁进入在毛细血管中流动的血液里。

不知疲倦的心脏

心脏是血液循环的动力中心，负责泵送血液。心脏是一个最为独特的器官——脑子在睡眠时可以得到休息，肺和肾虽然不停止工作，但是 其内部可以轮班休息，胃肠在不消化的时候可以暂停工作，而心脏却不能。只要生命存在，心脏就要坚持工作，所以说，心脏是人体中最辛苦的器官。

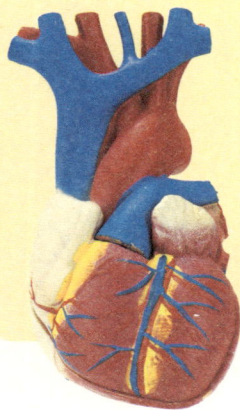

心脏的外形像个桃子，近似一个前后略扁的倒置圆锥体。

主动脉

主动脉的责任非常重大，它要负责把富含氧气的血液从心脏输送到全身。

心脏的构造

心脏位于胸部中间的两肺之间，略偏向左侧，大小相当于本人的拳头。心脏内部由两部分组成，每部分上端都有一个较小的心房，下端则有一个较大的心室。心瓣膜使血液朝正确的方向流动，而不是让血液简单地随心跳前后流动。心脏的内壁坚实有力。当心肌收缩时，心脏内部的血液就被挤出，进入动脉；心肌放松时，静脉中的很多血液又流回心脏。

上腔静脉

流经上半身的血液含有二氧化碳，它们通过上腔静脉回到心脏。

右心房

右心房接受从上、下腔静脉和冠状窦返回到心脏的血液。

右心室

接受来自右心房的血液，并通过肺动脉将血液泵入肺中。

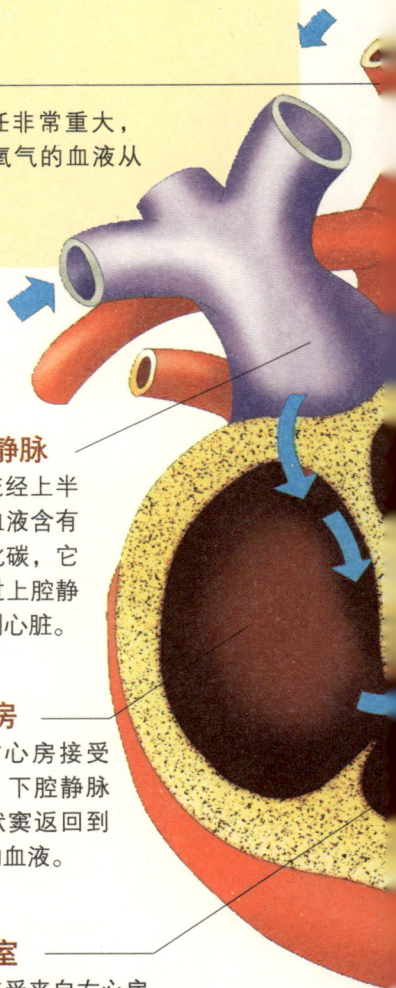

右心房

左心房

左心室

右心室

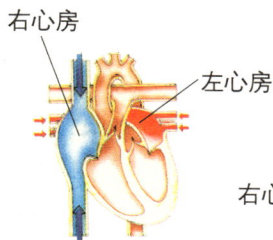

血液涌入舒张的心房。

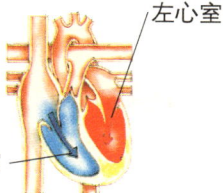

收缩波将血液压进心室。

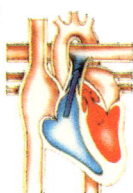

血液从心室涌出，进入动脉。

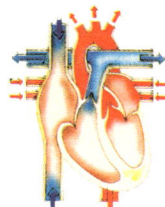

血液重新充满处于入放松态的心房。

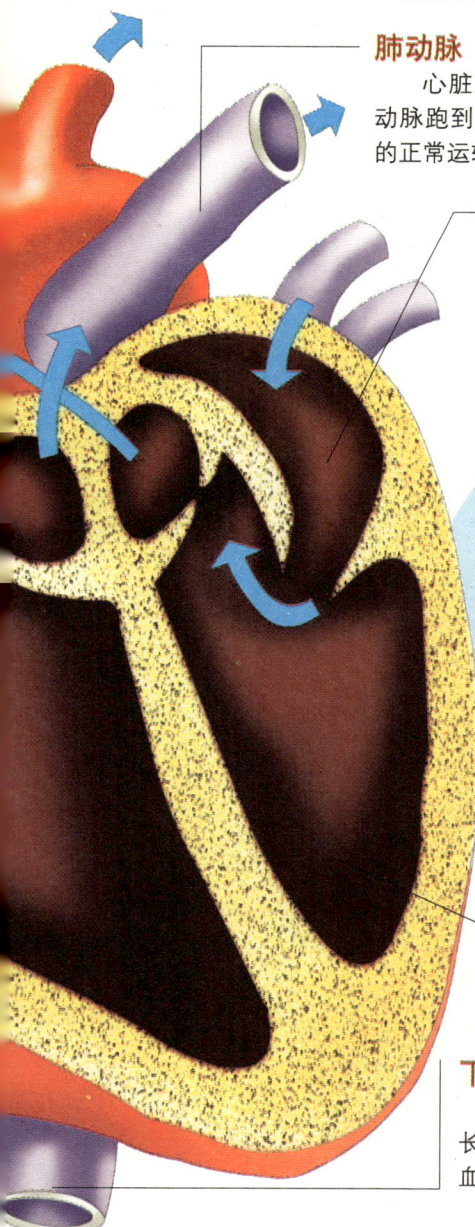

肺动脉

心脏里的血液通过肺动脉跑到肺部，为肺循环的正常运转提供能量。

脉搏是由心跳而引起的动脉中血液的搏动，在身体浅表大动脉的部位，可以摸到脉搏。

左心房

左心房的位置较其他心腔高，经肺氧合后的血液回流进入左心房。

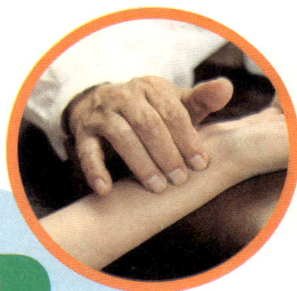

心脏的跳动

心脏每一次有规律有节奏的搏动就表示一次心跳。心跳是一个连续不断的过程，而一次心跳过程可拆分为以下步骤：血液从主静脉流入两侧上端的心房；心房将血液挤过心瓣膜进入下端的心室；左右两个心室充满血液后，厚厚的心肌开始有力地收缩；血液因高压而穿过心瓣膜，由心室流出，进入主动脉。

下腔静脉

下腔静脉在胸腔内的长度很短，流到下半身的血液通过它回到心脏。

左心室

左心室呈长而扁的圆锥形，血液流向右上方经主动脉口进入主动脉。

不断更新的血液

血液呈红色，重量大约是人体体重的1/12，是生命必不可少的一种重要物质。血液循环系统能将消化系统吸收的营养成分等重要物质和腺体分泌的激素运送到身体所需要的各个部位，同时，将细胞产生的废物运走，并通过肾、肺、皮肤等器官排到体外。

白细胞

仅在百万分之一升的血液里就有5000个白细胞，在生病的情况下还要更多。平时人体的血液中大约含有250亿个白细胞。白细胞通过血液循环系统被不断地来回调动，以抗击"入侵者"。

白细胞并非白色的，它呈胶状。

血液里有什么

血液中至少有一半是稀薄的血浆，血浆中含有溶解的糖、盐、矿物质等数百种物质，此外还有各种各样的细胞，包括红细胞、白细胞和血小板。白细胞能杀死并吃掉进入人体内的有害微生物，红细胞能够携带氧气，血小板则有助于伤口处血液的凝结。另外，身体各部分还可通过血液的输入输出来保持正常体温。

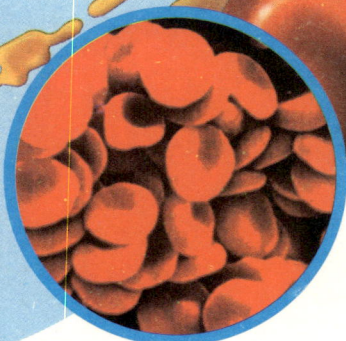

红细胞中含有丰富的血红蛋白，因而使血液呈红色。

血液的主要功能

血液主要有四方面的功能：运输、保护、交流和保持体温。血液将养料运至身体各处，并运走代谢废物；血液通过激素将化学信息传到身体的某部分；血液保护身体免受微生物侵害，通过凝结来治愈伤口或产生白细胞来杀死微生物；最后，身体还可通过血液的输入输出保持正常体温。其中，**运输是血液最主要的功能。**

红细胞

红细胞的主要功能是运氧到身体的各部位。红细胞里的血红蛋白在肺内与氧相结合，然后运至全身各组织。

血浆

血液由液体成分血浆和有形成分血细胞（红细胞、白细胞和血小板）构成。血浆中溶解有多种化学物质。

血小板

血小板一般呈圆形，体积小于红细胞和白细胞，它在血管损伤后的止血过程中起着重要作用。

血液对于保持人体体温有重要的作用。

供给营养的饮食与消化

我们所吃的食物由许多结构复杂的物质组成，这些物质只有被分解为简单的颗粒，才能被身体吸收，而消化系统就是专门来完成这项分解任务的。食物被消化后，其中的营养物质就进入血液并被运送到全身各个细胞中。

合理的饮食可以为我们提供足够的营养。

人体所需的能量来自于食物！

咀嚼吞咽食物

食物进入口中后，先由切牙和犬牙将食物咬断，然后用前磨牙和磨牙将食物磨碎，这个过程就是咀嚼。当舌头把咀嚼过的食物推向喉咙时，食物会被吞咽下去并进入食道。吞咽时，舌收缩至口腔后部，将食物或饮料向上向后推。最后，会厌向下滑移，喉向前向上运动，关闭气管，张开食管，食物被挤入咽部并向下进入食道，到达胃部。

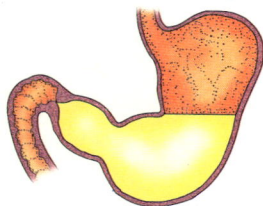

胃充盈
胃充满食物时，分泌胃液，通过胃肌的收缩与蠕动来使食物与胃液充分混合。

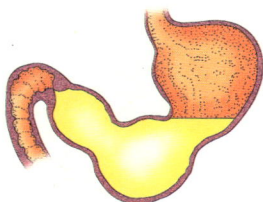

胃消化
胃的蠕动搅拌食物，将食物搅拌成半液体状的食糜。

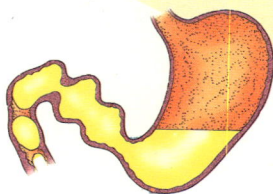

胃排空
如果食糜较多，幽门括约肌就会自动舒张，允许少量食糜进入十二指肠。

嘴
　几分钟下咽一次食物。

食道
　几秒钟下咽一次。

胃
　食物在胃部停留1~6个小时，由胃搅拌成糊状，之后，几乎所有的食物都会离开胃部。

小肠
　小肠是进行消化和吸收的地方。

大肠
　经过小肠的消化和吸收后，剩余的残渣进入大肠。大肠的主要功能是吸收水分，暂时贮存残渣。

肛门
　大约20个小时之后，食物残渣经由肛门排出。

食团
环肌收缩
消化管肌肉壁

将食团向下推进。

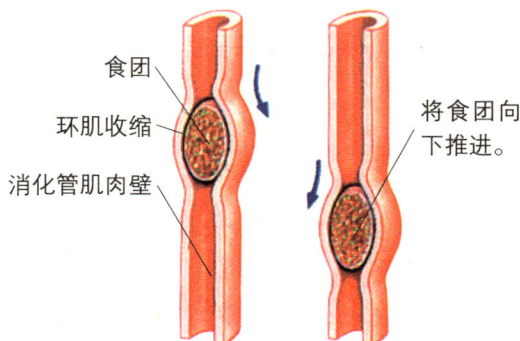

食物蠕动与消化

　吞咽食物时，食道壁的肌肉环带推动食物向前。这些环带在食物后方收缩，将食物沿着食道向下推，这种活动叫蠕动。食物在整个消化系统管道中的运动，都由管道蠕动推向前。被吞咽下的食物沿食道向下进入胃里，在那里被搅拌成糊状，然后进入小肠。消化主要在小肠进行，营养物质也从这里进入血液。消化处理完的食物残渣进入大肠成为粪便。

　吃下去的食物主要由胃和肠来消化。

指挥系统——脑和神经

脑和神经是我们人体的指挥系统：脑是人体的控制中心，神经构成人体的神经网络。两者的联系就是：神经将感受到的信息传给脑，脑在分析处理完信息后会发出命令，指令则通过神经传到相应的器官，指挥身体产生相应的活动。

这个动作要由脑和神经共同指挥完成！

大脑
大脑占脑的90%。

小脑
小脑控制传递给肌肉的信息。

脑干
脑干把脑与脊髓相连。

脑的结构

脑分为大脑、小脑和脑干3个主要部位。上面的大片褶皱部分是大脑，它是思考、记忆、决定及意识出现的地方。小脑位于下面靠后的地方，能使人的动作协调自如。最下面的脑干控制像心跳、呼吸这类基本的生存过程。如果从头顶部看大脑，大脑可分为左右两半，左半脑主管逻辑推理，右半脑主管艺术性和创造性的活动。

我们看书、记忆的过程都离不开大脑的帮助。

大脑

大脑分析从眼睛等感觉器官传来的信息，然后传出指令。

眼睛

眼睛将看到的一连串信息快速地传给大脑，使大脑能够感知到目前的运动状态。

手部

手部的感受器将信息传输给大脑，大脑指挥手紧紧地抓住滑杆。

心脏

运动神经刺激心脏，使心跳加快。

脑

脑控制躯体的活动。

颅神经

颅神经从脑向外扩展。

腿

腿部接收到大脑传来的信息，时而收缩，时而绷紧，以配合运动的需要。

脊神经

脊神经从脊髓向外扩展，在躯体和脑之间传递信息。

人体的神经网络

神经系统共分为两大部分，即中枢神经系统和周围神经系统。中枢神经系统由脑与脊髓构成，它们的周围都有脑脊髓膜覆盖着。这些薄膜和脑、脊髓之间的空间含着脑脊髓液，具有减缓撞击与保护的作用。周围神经系统是指脑和脊髓以外的神经系统，它由12对颅神经及31对脊神经共同组成，这些神经将脑、脊髓、感觉器官及肌肉有机地连接在了一起。

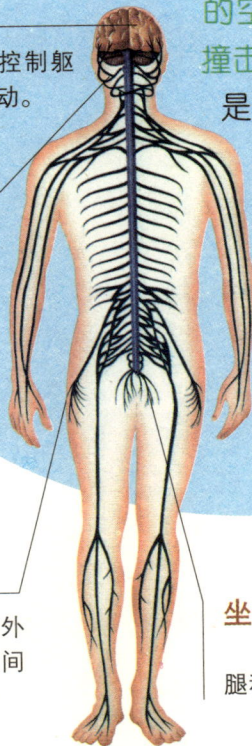

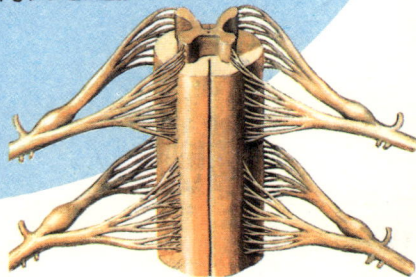

坐骨神经

坐骨神经控制腿和脚的肌肉。

脊髓的构造很复杂，它可以将来自四肢和躯干的各种感觉传达给大脑。

眼睛使我们从外界获取了大量的信息。

明亮的眼睛

眼睛是人类感观中最重要的器官，大脑中大约有一半的知识和记忆都是通过眼睛获取的。眼睛能辨别不同的颜色、不同的光线，再将这些视觉形象转变成神经信号，传送给大脑。眼睛看起来很脆弱。其实不然，它具有一组机敏独特的安全结构。

大家一定要保护好眼睛，别像我一样成为近视眼哟！

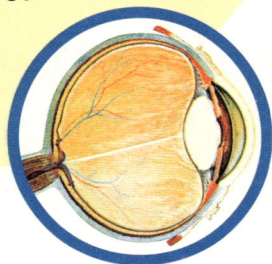

这是眼睛的剖面图。

眼睛的主要结构

眼睛最重要结构是眼球。眼球位于眼窝里面，是个球形组织，内含透明果冻状物质。眼球前方有一块透明膜，叫角膜。角膜有色部分叫虹膜，它包绕瞳孔。瞳孔是一个允许光线进入眼球的黑孔。虹膜后面是有弹性的晶状体，用来会聚光线。视神经在眼球底部的视网膜上，与大脑相连。

眼睛是心灵的窗户。

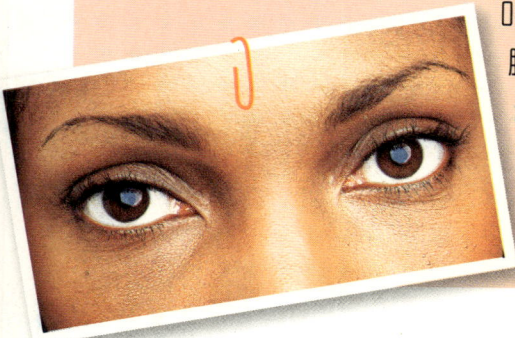

在烈日下，我们最好戴上眼镜，以防眼睛被灼伤。

眼睛怎样工作

眼睛视觉的基本原理可以拿照相机来比较：眼内的视网膜就好像照相机里的胶卷，晶状体和玻璃体相当于镜头，眼皮和虹膜可比作照相机的光圈。形成图像的基本条件是光线的射入，更确切地说是电磁波的进入。由于自然界所有可见物体都能不同程度地反射光线，所以实际上"看"是对反差的感知。

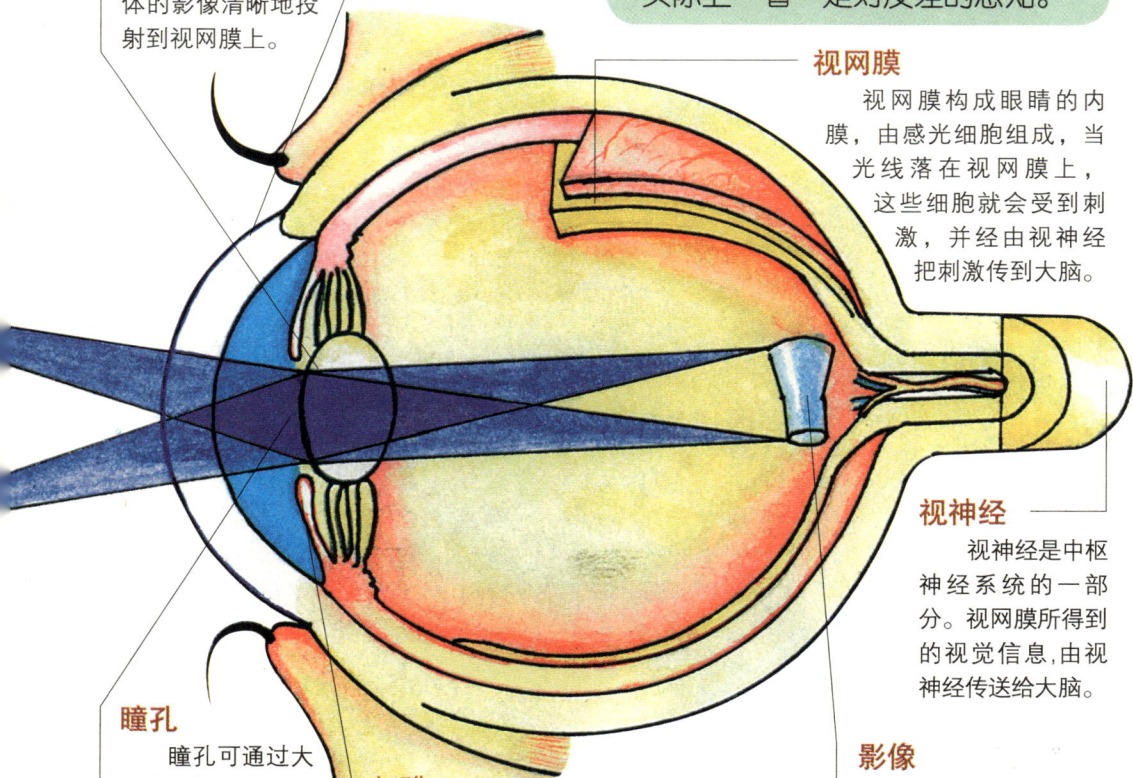

晶状体

晶状体为双凸形状，有弹性，是无血管的透明组织，其功能是将物体的影像清晰地投射到视网膜上。

角膜

角膜是一高度透明的物质，在眼睛的结构中扮演重要角色。

视网膜

视网膜构成眼睛的内膜，由感光细胞组成，当光线落在视网膜上，这些细胞就会受到刺激，并经由视神经把刺激传到大脑。

视神经

视神经是中枢神经系统的一部分。视网膜所得到的视觉信息，由视神经传送给大脑。

瞳孔

瞳孔可通过大小变化控制进入眼内的光的多少。

虹膜

不同人种的虹膜是有差别的，黄种人含色素较多，呈棕褐色，远看如黑色，而白种人色素少，呈浅灰色或淡蓝色。

影像

当物体上的光线进入瞳孔后，晶状体会在视网膜上聚集出一个倒置的物体影像。

聪慧的耳朵

耳朵是产生听觉的器官。耳朵时刻都在捕捉周围的声波，因此我们会听到各种各样的声音。声波是一种依靠空气传播的振动波，而我们的耳朵能将振动波发出的振动转换成神经信号，然后传给大脑。另外，耳朵还是人体的平衡器官。

自然界的一切声响都是由耳朵感知的。

鼓膜

耳道最深处封闭的薄膜叫鼓膜，它是外耳与中耳的分隔。声波在耳道中传递时先振动鼓膜，然后鼓膜再通过听骨链将振动传递至内耳。

耳朵还具有平衡感受机能，能帮助我们调节身体平衡。

听小骨

听小骨是中耳鼓室内的三块小骨，即锤骨、砧骨和镫骨的总称。听小骨能把声波所引起的鼓膜震动传入内耳。

半规管

半规管内充满了淋巴液。

听神经

听神经负责把耳蜗感受到的信息传到大脑。

耳蜗

耳蜗负责处理声音讯号。

外耳道

外耳道是声音传递的通道，长约2.5厘米，内部中空弯曲，表面有皮肤覆盖。

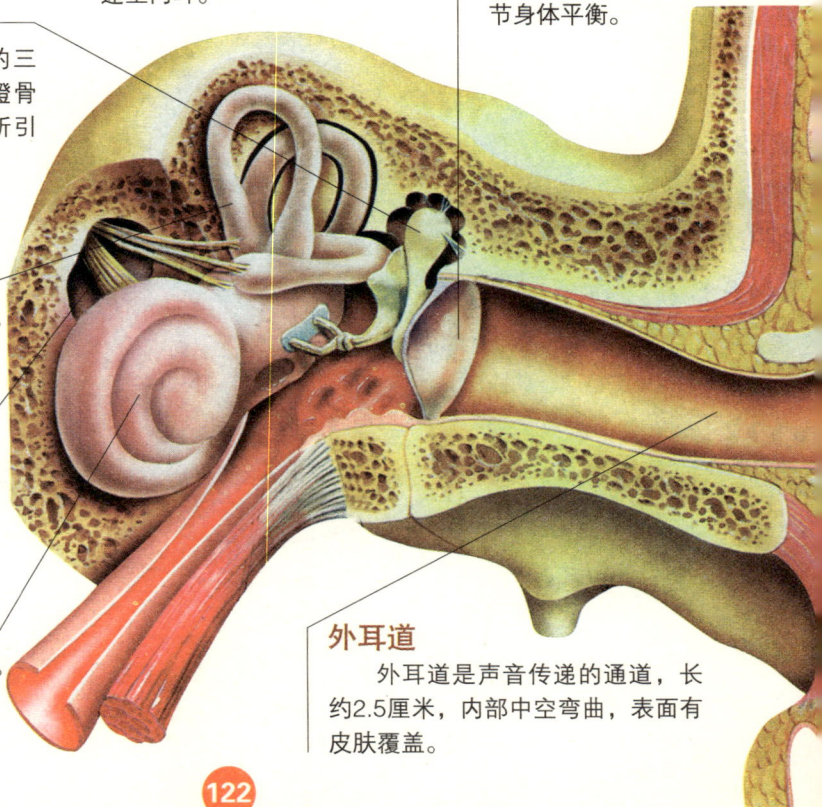

耳朵的结构

耳朵共分外耳、中耳和内耳三部分：外耳就是可见的那两个半圆形的轮廓，有耳孔通向鼓膜。鼓膜是一块横于耳道终端的紧绷着的膜。鼓膜之后是中耳。中耳含有3块听小骨，根据骨的形状可称为锤骨、砧骨和镫骨。中耳向内便是内耳。内耳包括充满液体的螺旋结构（耳蜗）和3个半圆形耳道，内耳能把振动转变为神经冲动。

耳郭

我们通常讲的"耳朵"，其实只是耳郭这一部分，它有收集声音的作用。

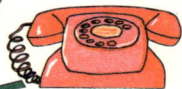

声音到达两只耳朵时产生的时差能使我们辨别出声音的方向。

如何听到声音

声波在空气、液体和固体里传播。当这些波撞击外耳后，就会汇集到耳道，然后到达鼓膜，鼓膜便开始颤动。鼓膜的颤动由中耳的3块听小骨接收。镫骨的活动就像一个活塞，将颤动传给内耳的液体，液体运动时会刺激耳蜗内的特殊纤毛细胞。这些纤毛细胞发出的信号沿听神经传到大脑，大脑再将信号转化为声音。

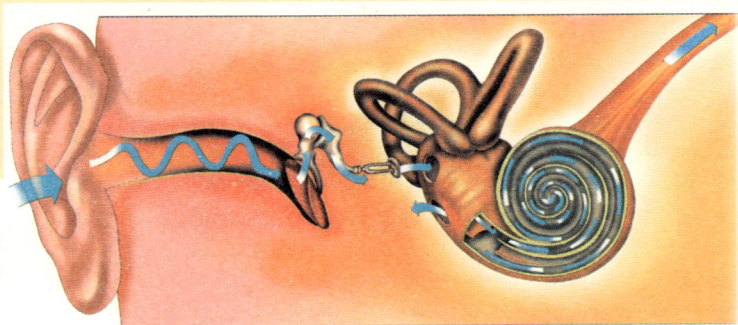

图中的箭头表示听觉形成过程中声音传播的路径。

品味生活的嗅觉与味觉

味觉和嗅觉是紧密相关的。它们都能感受化学物质。嗅觉感受器位于鼻子后部的鼻腔顶端，感受空气中的化学物质。味觉感受器位于舌头上，感受食物和饮料中的化学物质。总的来说，味觉和嗅觉使我们能够享受食物的味道，并避免我们误食有害的东西。

嗅觉与味觉能让我们享受各种美味。

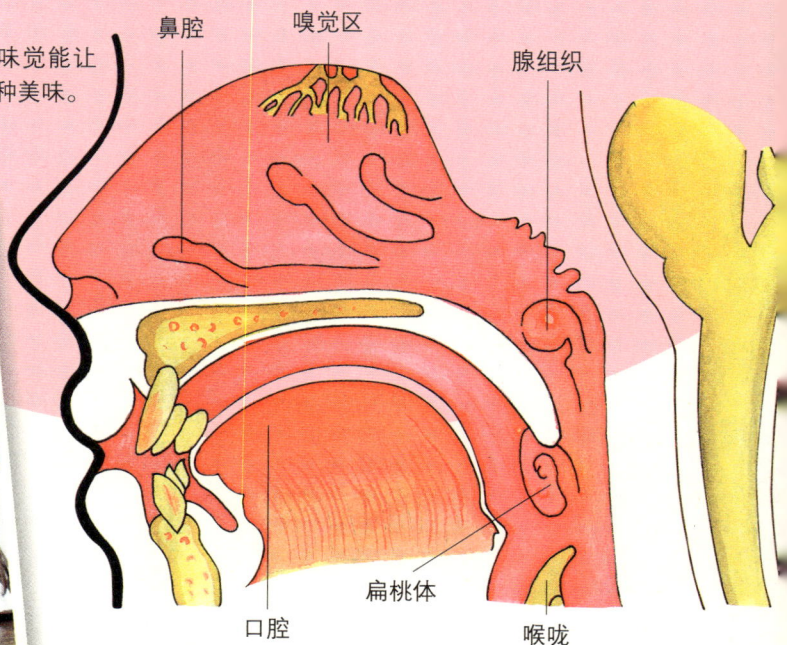

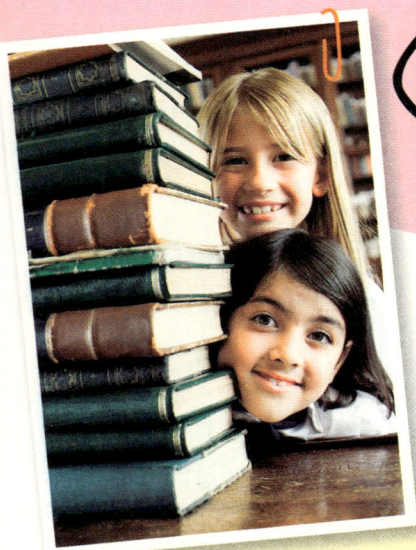

鼻腔　嗅觉区　腺组织

扁桃体

口腔　喉咙

鼻子是面部最突出的器官。

鼻子与嗅觉

鼻子内部的嗅觉区能将看不见的微小粒子辨别出来。这些粒子飘浮在空气中，称为"味分子"。嗅觉区位于鼻腔的上端，大小与拇指指甲差不多。每个嗅觉区都有数百万个微小的嗅觉细胞，细胞上的绒毛能辨别出不同的气味。嗅觉不仅能识别变质或腐烂的食品，还能在危险面前向人发出警告，如污浊、恶臭的死水，着火产生的烟味。

轮廓状乳头

分散在舌背面界沟前方，呈V字形排列，数量较少，主要感受苦味。

叶状乳头

位于舌根部舌缘两侧，主要感受酸味，是炎症的多发地带。

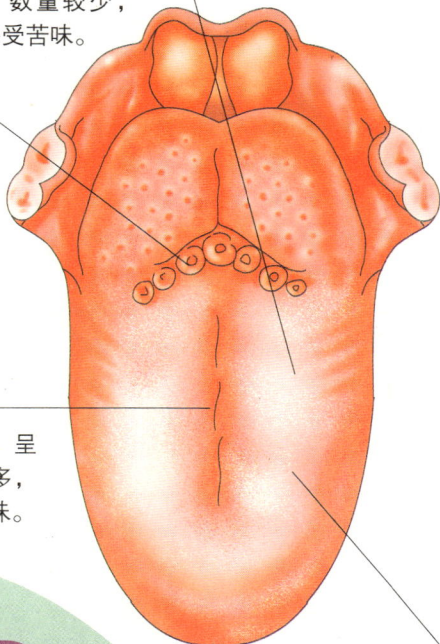

在这张放大了180倍的舌头表面图像中，我们可以看到丝状乳头把橘黄色的菌状乳头上带有味蕾的一侧包围起来。

丝状乳头

分布于舌背和舌缘，呈细长的圆锥形，数量较多，略呈白色，主要感受咸味。

菌状乳头

分散在丝状乳头之间，呈蘑菇状，数量较少，但体积较大。由于其中含有丰富的毛细血管，所以肉眼观察呈红色小点，主要感受甜味。

舌头与味觉

舌头的表面凹凸不平，隆起的部分叫舌乳头，舌乳头下面分布着味蕾。舌头通过味蕾来辨别食物中被称为"味分子"的东西，使人产生味觉。舌头不同部分的味蕾对不同的味道敏感度有差别：舌尖部的味蕾对甜味敏感；稍后一点，舌两侧感觉咸味的味蕾最多；再后一点的舌两边，是酸味味蕾最多的地方；最后正位于舌和嘴后部的是苦味味蕾所在的位置。

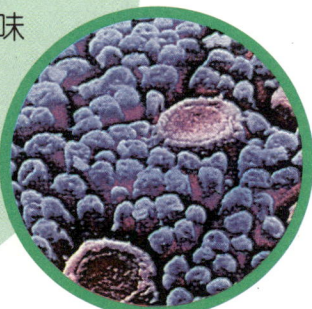

舌头的突起底下有许多味蕾细胞。

灵敏的 触觉与感觉

触摸东西的时候，皮肤会告诉你许多有关这一物品的特点，如软硬、冷热、粗细以及干湿程度等。这些特点能说明用力的大小、运动的快慢、温度的高低，以及其他的相关特性。当这些信息变成神经信号传给大脑，你就有了真实的感觉。

触觉满足是儿童健康发展的重要因素，婴儿早期与成人交往的方式之一就是肌肤接触。

人能感觉冷暖是因为皮肤里的冷觉感受器和热觉感受器发生了作用。

皮肤上的触觉感受器

皮肤是人体的重要感觉器官，它含有多种不同的感觉接受器，这些感受器分别对热、冷、压力、质地和疼痛感觉敏感。感受器通过感觉神经与脊髓和大脑相连，它们连续地发出信号并告诉我们周围的情况和皮肤表面所发生的事情。触觉感受器产生的触觉可以帮助我们认识事物，尤其是手的触觉可以感觉出物体的形状、大小及温度等。

冷热或痛觉感受器

冷热或痛觉感受器对温度变化和疼痛比较敏感。

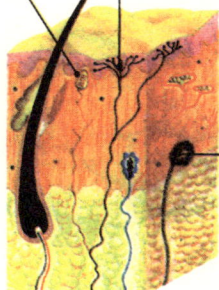

触觉接受器

触觉接受器能感知物体表面的光滑、粗糙，还能感知物体的长短、大小及形状。

压力接受器

压力接受器能产生触压觉，轻轻地刺激皮肤就会使人产生触觉；当刺激强度增加时，就产生压觉。

触觉敏感区与不敏感区

触觉感受器并非均匀地分布于皮肤上，而是有集中部位和分散部位的区别，所以就形成了触觉敏感区与不敏感区。人的眼睛、舌头、嘴唇、手指、脚心、脚趾、腋窝等部位对触觉最敏感。在这些部位有较多的触觉感受器，所以碰一下就会有感觉。背部和腿部对触觉不是很敏感，因为这些部位的触觉感受器的数量比较少。

盲文就是利用了盲人敏锐的触觉这一特点而发明出来的。

头部 嘴唇 指尖 肘 臂 胸部 背部 臀部 大腿 胫部 脚尖

人体各部分的触觉敏感程度不同，图中相关部位的点越多，越敏感。

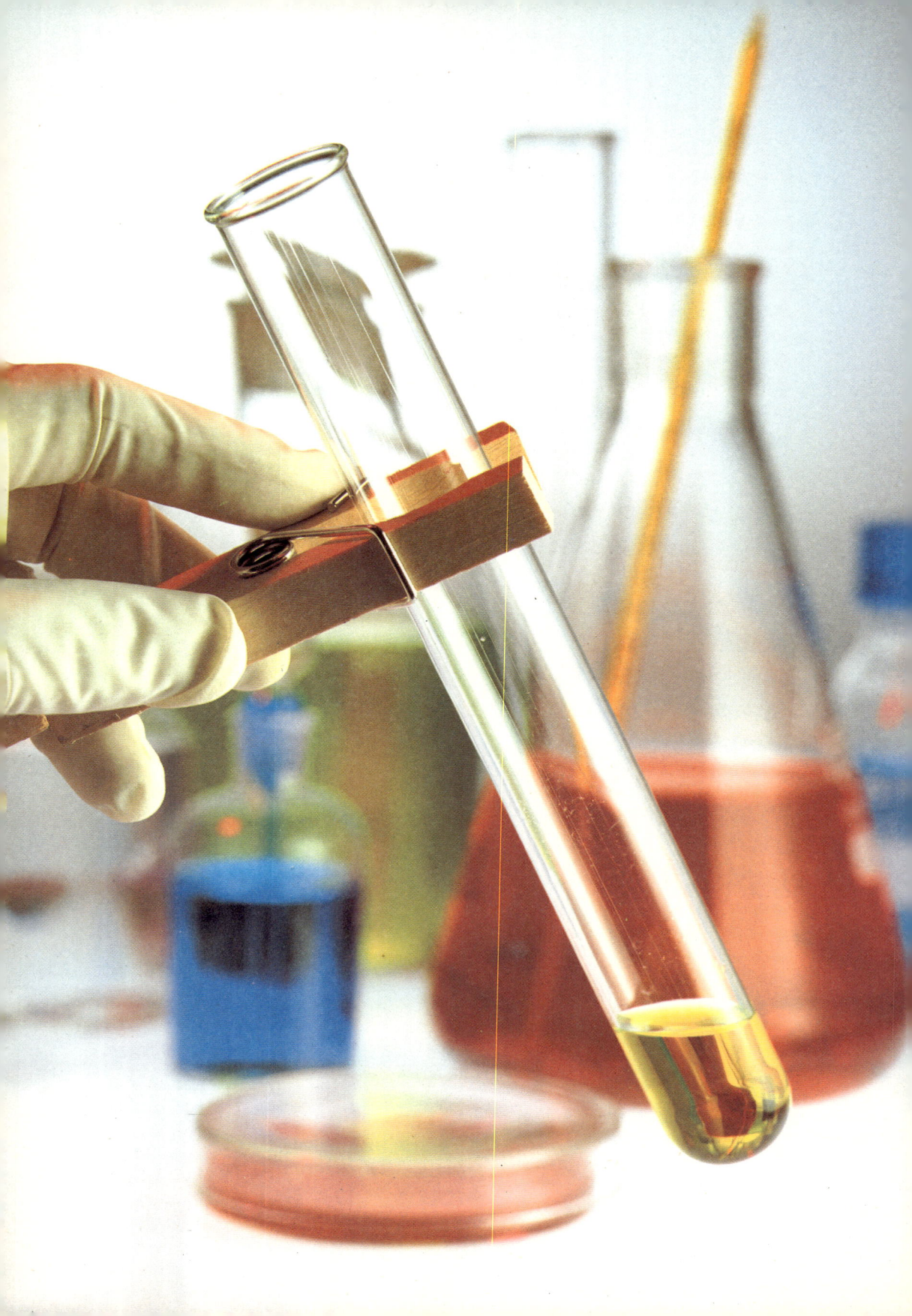

第五章

STUDENTS BOOKS

化学物理

HUAXUE WULI

　　化学世界是一个研究物质形态、结构的科学领域。借助一些仪器和设备，科学家们发现了物质的真实面目。

　　仔细观察身边的世界，你会发现自然界有着冷、热、声、光、色、电和磁现象。原来物理就在我们身边，与我们的生活息息相关。

　　翻开本章，你会发现，变幻莫测的物理化学并不遥远，它们共同组成了我们生活的一部分。

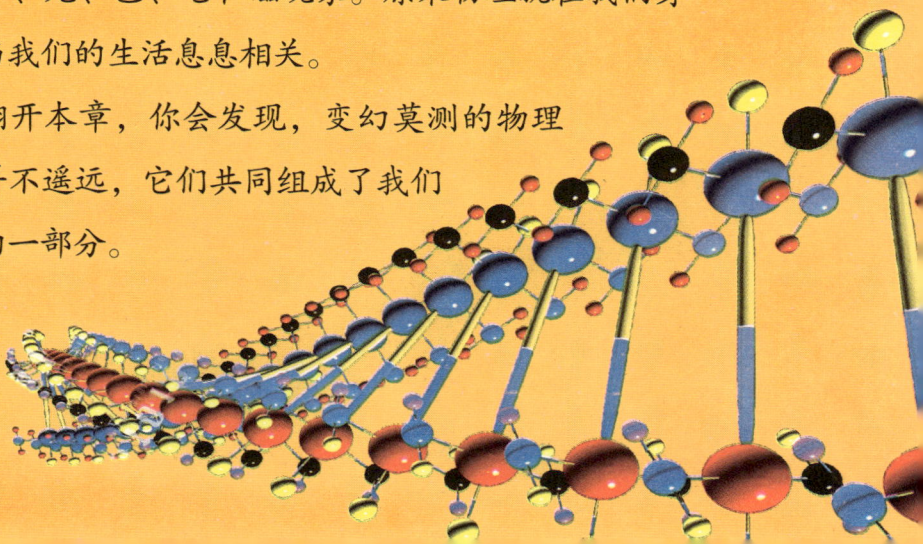

物质的身份证——元素

我们生活的地球到处充满着物质，而鉴定物质"身份"的就是元素。原来，世界万物都是由为数不多的最基本、最简单的成分——元素组成的。元素用来描述物质的宏观组成，只强调种类，而不表示个数，没有数量多少的含义。

各种不同元素构成的物质大大丰富了我们的生活。

元素的数量

截至1996年，人类已经发现了112种元素。在这些元素中，有92种可以在自然界中找到，其余元素都是科学家在实验室里制造出来的。这112种元素通过不同的组合，可以构成许许多多的物质。氧元素与氢元素结合形成了水；氧元素、氢元素、碳元素三者通过不同的方式结合，可以形成众多的与我们的生活息息相关的物质，如蔗糖、酒精、淀粉等。

元素可以通过实验的手段分解出来。

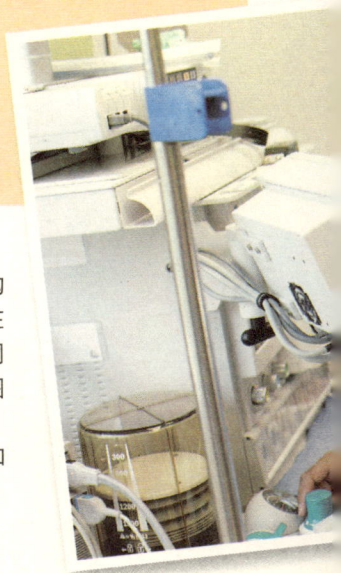

不同的金属构成的元素不同，在燃烧时会形成不同颜色的火焰，左图分别为钙、铜、钠、锂、钾、钡和铅的火焰。

古代的炼金术士在提炼金子时发现了很多其他元素。

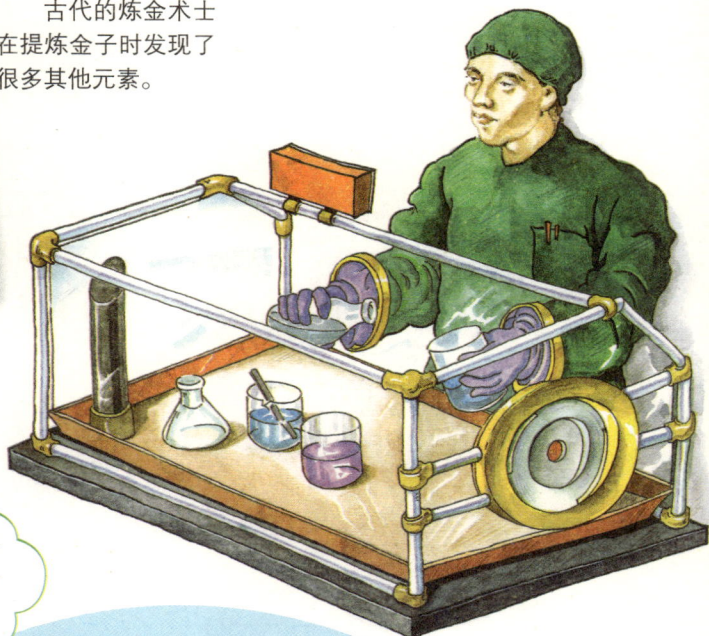

我们在自然界中还能找到新的元素吗?

有一些元素可以发射出一种射线,对人体危害很大,因此在做关于这些元素的实验时,要采取防护措施。

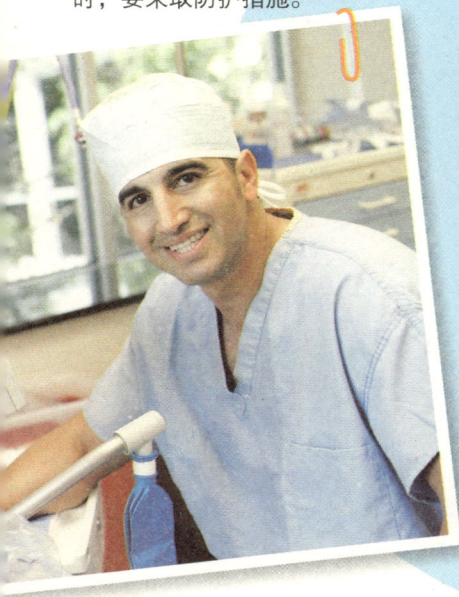

元素的标识和分布

科学家们一般用元素英文名称的第一个或前两个字母来表示该元素,例如氧的符号是O,碳的符号是C。自然界中的元素分布范围很广,从天上到地下,从空气中到水中,从生物体中到人体中都包含着各种各样的元素。在地壳中最多的元素是氧,其次就是硅。大气中最多的元素是氮,其次是氧。人体内有60余种元素,含量较高的有氧、碳、氢、氮等。

土壤中含有很多矿物元素。

构成物质的微粒

千姿百态的世界万物都是由许许多多肉眼看不见的微观粒子构成的，这些微粒有很多种，分子是其中一种。分子是可拆分的，在一定的条件下，它可被"拆成"更小的微粒——原子。分子和原子是化学世界里的重要成员。

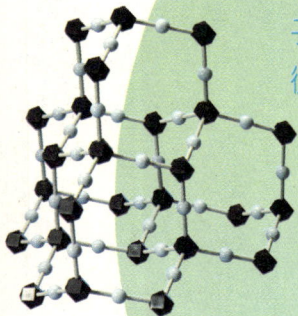

物质都是由一个个微小的分子或原子按一定的结构排列而成的。

水
1滴水含有约 $3×10^{20}$ 个水分子。

水分子
1个水分子含有3个原子——2个氢原子和1个氧原子。

原子内部
原子内部有很多空间。如果原子核有1个网球那么大，则距离最近的电子也有1千米远。

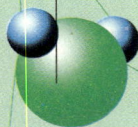

原子

原子就是保持元素性质的最小微粒，也是化学变化中的最小微粒。科学家们通过研究原子的结构，将一种元素的原子与其他元素的原子区别开来。原子虽小，但它却是由位于原子中心的更小的原子核和一些微小的电子组成的。电子绕着原子核的中心运动。原子核又由质子和中子这两种更小的微粒组成。不同类的原子核中含有不同数目的质子和中子。

电子
电子在原子核四周横冲直撞，1个氧原子周围有8个电子。

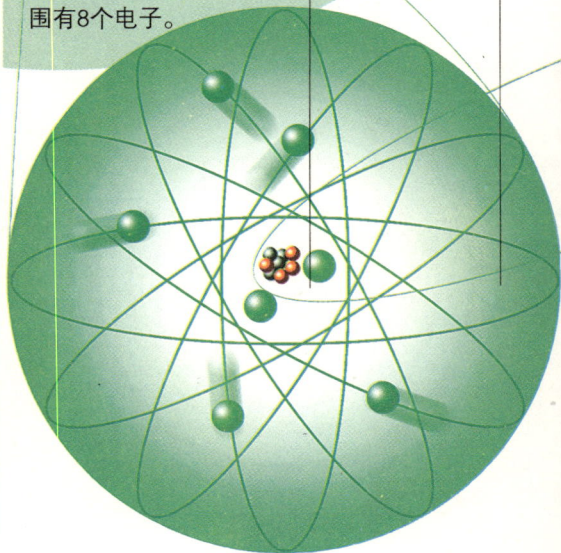

原子核发生变化后可引发出像核爆炸这样巨大的能量。

温度升高会使温度计中的酒精分子运动加快，酒精由此膨胀，沿着刻度上升。

夸克

质子和中子是由夸克组成的。

氧原子

氧原子的原子核有8个质子、8个中子。整个原子核被强大的力量维系在一起。

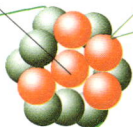

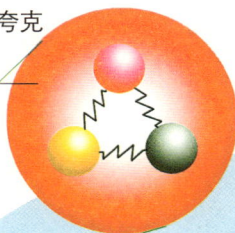

如果一个原子的大小与人的指甲一样大，那么人的手将大得足以握住整个地球。

分子

我们日常所见的物质，无论是固体、液体，还是气体，都是由分子组成的。分子非常小，我们肉眼是看不见的。目前世界上大约有几百万种分子，同一种分子不仅个子一样大，体重一样重，连个性、脾气也一模一样，由它们组成的物质的化学性质，就取决于这种分子的习性和脾气。至于不同种类的分子，身材、体重和脾气就各不相同了。

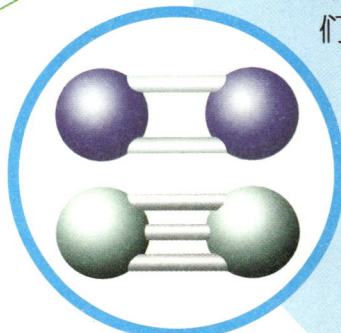

原子之间通过化学键结合在一起构成分子。

物质的存在形态

大千世界都是由物质组成的。物质都有各自独特的存在形态，有的呈粉状，有的呈粒状，还有的呈块状，有的是液态的，有的是气态的。尽管形状不一样，但物质的组成结构都是相似的。自然界的物质时时刻刻都在发生变化，它们的存在形态也会发生改变。

> 水是以液态形式存在的。

物质表现出来的样子是千差万别的，但它们有一个共同的地方，那就是它们的组成有一定的相似性。

物质的组成

世界上的物质都是化学物质，或者是由化学物质所组成的混合物。元素是物质的基本成分。元素呈游离态（单独存在）时为单质，呈化合态（与其他元素结合）时则形成化合物，分子、原子、离子是构成物质最基本的微粒。分子是由原子结合而成的，能独立存在。原子是化学变化中的最小微粒，在化学反应中常重新组合成新物质。离子是带电的原子或原子团。

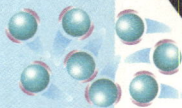

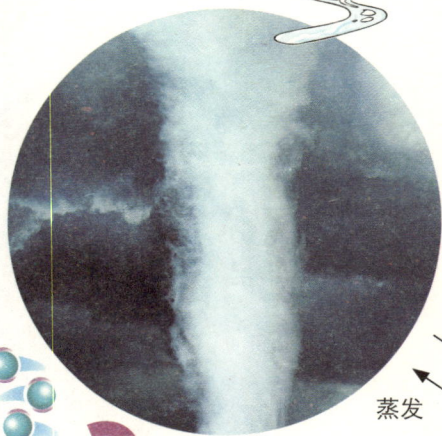

升华

蒸发

气态

气态家族的成员是气体分子。气体分子性格活泼，喜欢运动，也比较喜欢独立生活，彼此之间离得较远。如果把它们放到一个很大的空间里，它们会高兴地到处跑，直到把空间占满为止。所以，它们没有固定的形状和体积。

物质的形态

物质有三种存在形态：固态、液态和气态。物质的形态差异与其内部的分子排列结构的紧密程度相关。固态物质具有形状和体积，其分子紧紧地结合在一起。液态物质有体积但没有形状，相比之下，其分子结合得要松散一些。气体既没有体积也没有形状，会自由移动。在一定条件下，物质的三种存在形态会发生转化。

凝华

凝固

溶化

凝结

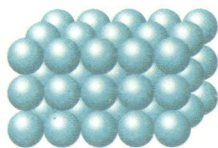

液态分子的扩散速度很快，将一种液体倒入另一种液体中，可明显看出分子扩散现象。

固态

固态家族的成员是一些微观粒子。它们之间非常团结，一般都是手拉手排着很整齐的队伍，集中在一起。所以，固体物质能保持一定的体积和形状。

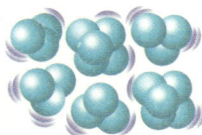

液态

液态家族的成员是液体分子。液体分子不像气体分子那么独立和活跃，它们总是三五成群地扎堆儿，然后在各自的平衡位置上做毫无规律的振动。它们的流动性较大，所以有一定的体积，却没有一定的形状。

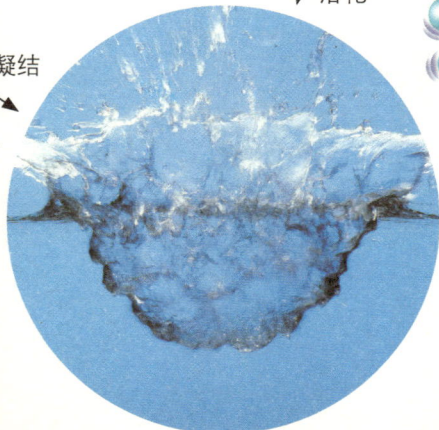

化学与生活

化学与我们的生活息息相关，它在我们的生活中处处存在。不论是吃穿住用，还是工、农业生产都离不开化学品。如洗衣、刷碗时我们要用洗涤剂，灭火、降温时我们会用到二氧化碳，给水消毒会用到氯气，农业增产离不了化肥和农药，等等。

酒

酒有醇香味是因为酒精溶解了很多香味物质。

味精

味精中的谷氨酸钠可以使菜或汤变得特别鲜。

食品中的化学

我们所吃的食品中含有的化学物质，或许比在一个实验室中看到的还要多。食品中除含有我们人体所必需的营养素外，某些食品本身就是一种化学物质，如产生鲜味的味精、酸酸的醋、飘香的酒、烹调用的食用油等。食品中的这些化学物质是人们特制的，可以满足人们的饮食习惯。

植物油

我们常用的食用油是液态的，不溶于水。

醋

醋是人们烹饪时使用的一种调料，它的酸味来自其中所含的醋酸。

各种各样的洗涤剂

洗涤剂是一类能够除去油垢的化合物，如洗衣粉、洗涤灵、肥皂、洗发膏等。洗涤剂的清洁功效就在于，它有一个亲油端和亲水端。亲水端就好像吸引水的"脑袋"，亲油端就好像一个排斥水的"尾巴"。洗涤时，亲油端溶入到油污中，把油污围住，而亲水端仍和水在一起。这样，洗涤剂就把油污去掉了。

洗澡时涂抹香皂能清洗掉皮肤上的油脂和污垢。

唇膏是常用的护肤品，里面含有脂类物质。

精美的香皂也可以起到去污作用。

广泛存在的力

我们生活的世界是一个充满力的空间。河水向低处奔流，云朵飘动，潮起潮落，生物运动……都是力的现象与结果。虽然我们看不到力，但处在力的世界中的人，时时刻刻受到各种各样力的作用。力有许许多多不同的形式，如磁力、拉力、重力、压力、静电力、摩擦力和转动力等。

我们书写时离不开力的作用。

重力使抛向空中的球不是一直飞向天空，而是最终要落向地面。

重力

地球对一切物体都有吸引力，但对较小的物体的作用力要小得多。这种吸引力作用在每个物体上就成为了重力。我们所说的重量就是指重力的大小，重力的法定单位是牛顿（N）。地球的重力使所有下落物体以每秒钟约9.8米的速率加速。换句话说，物体每下落1秒钟，它的速度就会增加约9.8米。

摩擦力

只要物体相互接触并有相对运动趋势，就会产生摩擦，反映摩擦现象的一个物理量是摩擦力。两个接触的物体处于相对静止状态时产生静摩擦力，如手握水杯等。像拖地、擦桌子、拉动或推动纸箱产生的是滑动摩擦力。摩擦力在生产和生活中所起的作用非常大，因此我们会在鞋底、车轮上加一些花纹以增大摩擦，防止打滑。

滑雪者在冰雪上轻松地滑行是因为滑雪板与冰雪快速滑动摩擦时，摩擦力使冰雪瞬间遇热融化，冰雪与滑雪板之间的水层使摩擦力减小。

减小摩擦力

在自行车比赛中，我们可以看到选手们都穿着光滑的特制服装，以尽可能减少行进过程中与空气产生的摩擦力。

增加摩擦力

自行车的轮胎上有许多凹凸不平的花纹。这些花纹增大了车轮和地面的摩擦力，使得自行车不容易倾倒。

施力

要使自行车运动起来，首先必须有力作用在车轮、车轴上，这个力就是脚蹬踏板产生的力。

滚动摩擦

自行车在运动过程中，车轮与地面产生的摩擦属于滚动摩擦。

作用巨大的简单机械

利用力学原理组成的各种装置就是机械。所有复杂的机器都是由一些简单机械构成的。简单机械可增加或减少作用于其上的力量，还可以改变作用力的方向或轨迹的方向。

传统的简单机械有杠杆、滑轮、齿轮、螺旋等。

利用杠杆，用很小的力就能撬起很重的物体。

杠杆和滑轮

杠杆是在外力作用下能绕杆上某一点转动的简单机械，如剪刀、钳子等。用杠杆搬动石头时，先将棒的一端塞入石块底下，再在棒的下面垫一块小石头作为支点。当手在棒的另一端用力时，就相当于棒在绕该支点转动而把石块撬起。滑轮是一种周边有滑槽并可绕中心轴转动的轮子，被广泛用于建筑工地和工厂，人们用它提升重物或搬运大型机械部件。

这是一个由滑轮组成的滑轮组，上面是定滑轮，下面是动滑轮，它们被绳连接在一起共同提升重物。滑轮组既可以改变施力方向，又可以省力。

齿轮和螺旋

齿轮是轮缘上均匀分布着齿状突起的轮子。如果两个齿轮的齿形属于同一类型，那么两者便可啮合。甲齿轮转动时，嵌入乙齿轮的牙在转动时带动乙齿轮转动，接着是后面的牙，周而复始，带动乙齿轮不断转动。螺旋是环绕在圆柱体上的斜面。一个又长又窄的斜面绕着一个圆柱体向上盘升，便成为一个螺旋体。螺栓就属于螺旋。

当两个直径不同的齿轮相互啮合时，就既可以改变力的方向，又可以改变转速。

陡坡费力

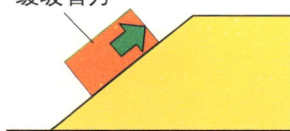

缓坡省力

斜面是与水平面成一角度的平面。斜面会使输入力小于输出力。如果保持斜面的高度不变，增加斜面的长度，就可以发现，斜坡越长，推拉物体所需的输入力越小。

童车利用脚蹬来驱动，其实脚蹬就是一种被称为轮轴的简单机械。

身怀特技的冷与热

热和冷是由同一种东西造成的，即"热量"。物体在冷时比它在热时包含的热量少。我们用温度可以衡量冷热的程度。热会以不同的方式从一个物体传递到另一个物体。冷和热的变化还会产生一些奇怪的现象，如热胀冷缩。

太阳中心温度约为1500万℃，表面温度约为5530℃。

冬天很冷，我们会穿得很厚。

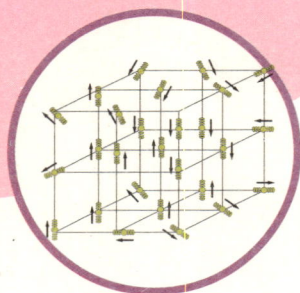

物质中粒子的剧烈运动导致了热的产生，物质的温度与物质粒子的平均动能有关。

冷热的量度

温度计是精确测量温度的仪器。

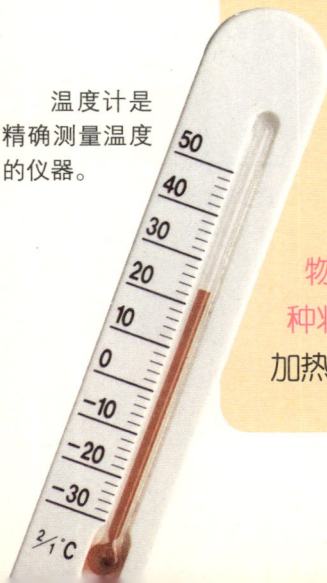

温度是用来描述物体冷热程度的物理量。我们用温度计来测量温度，主要以摄氏度（℃）为单位将温度记录下来。有些温度的前面标着"－"号，它表示温度已达到零度以下。大多数物质都会因温度的不同而存在固态、液态、气态三种状态。把固体物质加热，它就会熔化，变为液体。加热液体物质至一定的温度，它会汽化，成为气体。

与热有关的现象

热能够从一个物体传递到另一个物体。热物体和冷物体接触时，热物体的分子运动快，会与冷物体的分子相冲撞，就将热传导过去了。很多物质都有受热膨胀、遇冷收缩的特性。如把踩瘪的乒乓球浸入开水里烫一下，球内空气就会受热膨胀，使球内压力变大，乒乓球就会重新鼓起来；铺设铁轨时，铁轨之间留有一定的空隙，使铁轨在夏天受热时有膨胀的余地。

炼钢炉产生的热很容易传到工人身边，因此工人必须穿着防护服工作，以防止热伤害身体。

夏天很热，我们会穿得很少。

桥梁在接口处会留有很大的空隙，这是为了防止热胀冷缩现象毁坏桥梁。

我们人体能够感受到冷和热。

相互转化的能量

自然界存在各种不同形式的能量，它们之间可以互相转化。能量可以使物体做功，引起事物变化。当然在做功的同时也要消耗能量。比如你走上楼梯时，你的身体在做功，并且消耗了体内的能量。当物质的运动形式发生转换时，能量的形式也会随之发生转换。

玩具风车也能让能量转化吗？

植物和动物储藏的能量

绿色植物利用太阳能把水和空气中的二氧化碳等简单的物质变成食物。我们以进食植物或动物取得能量，而动物又以植物为食，所以我们的能量归根结底来自太阳。

多种多样的能量形式

物质的能量具有多种形式，按照产生能量的运动形式可分为：跟机械运动相对应的机械能，其中被储存起来的能量称为势能，运动的物体所具有能量称为动能，跟分子热运动相对应的分子内能，跟电荷运动相对应的电能，还有化学能、原子能、光能、磁能等各种形式的能量。

风能也是能量的一种形式。

生活所需的能量

我们人体日常生活中需要很多能量，这些能量都是由食物提供的。

射箭运动员射箭时，弓弦的势能会转化成箭的动能，射向前方的靶。

能量的相互转换

能量的各种形式间会发生转换。例如，当你举起铁锤敲钉子时，举起的铁锤就拥有了势能；当铁锤砸到钉子时，势能就被转化成了动能。能量可以从一个物体传递给另一个物体，而且能量的形式也可以互相转换，但能量永远不会消失。例如，当你打开电灯时，你使用了电能，这时电能的一部分变成了光，其余部分则变成了热。

矿物燃料中的能量

千百万年前，植物和小生物生长时，从太阳吸收能量。它们死去后，被一层又一层的沙石覆盖，沙石渐渐形成岩层。年深日久，这些死去的动植物变成煤、石油和天然气，称为矿物燃料。

来自矿物燃料的能量

我们在地下开采煤矿、石油和天然气。石油经过提炼，制成汽油、煤油和柴油等，经燃烧，释放出能量。这个燃烧过程在暖气系统、发电站，以及汽车、货车、火车、船和飞机内的引擎中进行。

魔幻的声音

声音是空气的微小振动。当物体振动的时候，周围的空气被搅动。当这种振动在空气中传播，并进入我们耳朵时，我们便会听到一种声音。物体振动得越剧烈，音量就越大。在我们身边，声音无处不在，有些声音很动听，有些则令人很烦。声音有时还会有回声现象。

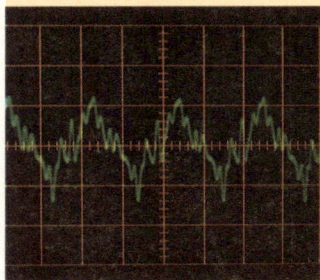

波形

波形决定音色的不同。音色不受响度、音调的影响：不同的乐器，即使发出音调、响度相同的声音，我们也很容易识别乐器的种类，这就源于音色的不同。

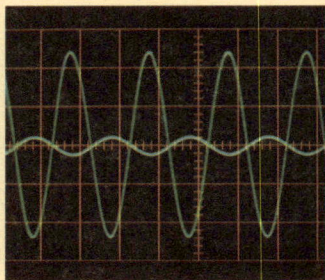

振幅

振幅是表示振动强弱的物理量，指物体振动时偏离原来位置的最大距离。声音振幅的大小决定声音响度的大小。

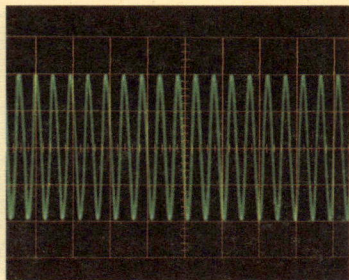

频率

频率是指物体每秒钟振动的次数。声音频率的单位用赫兹(Hz)来表示。频率高的声音音调高，听起来尖细；频率低的声音音调低，听起来低沉。

声音的要素与传播

波形、振幅和频率是声音的三要素，我们可以用响度、音调和音色来描述这三个要素。声音和光一样，也是一种能量，以波的形式传播，但不同的是，声音需要通过媒介传播，不能够像光一样在真空中传播。声音在固体和液体中传播得比在空气中快。声音在空气中传播速度约为340米/秒（音速），在水中约为1400米/秒，在铜中约为6000米/秒。

游泳时，人在水中听到的声音比在岸上的人听到的要早一些。

天坛的回音壁有回音的效果，在圆心位置上用力击掌时，可以听到多次回声。

有趣的回声

当声音投射到距声源（如喊话人）有一段距离的大面积物体上时，声能的一部分要反射回来（另一部分被吸收）。如果听者听到由声源直接发出来的声音和反射回来的声音的时间间隔超过1/10秒，他就能分辨出两个声音。这种反射回来的声音叫回声。其实，回声就是声波在传播过程中遇到尺度很大的障碍物后被反弹回来的声音。

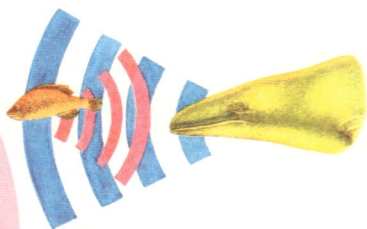

鲸能发出声波，利用折回的声音来定向，这种空间定向的方法就是回声定位。

蝙蝠是回声定位的高手，仿生学通过研究蝙蝠的回声定位发明了雷达。

流转变幻的光与色

色彩在我们生活中无处不在，所有的光都包含着色彩。由于物体受到光线照射时，仅仅有一部分色光被反射出来，所以我们的眼睛能感觉物体在光线照射下反映出来的不同颜色，于是我们就看到了色彩不一的各种物体。自然界的色彩都与光联系在一起。

用手快速旋转七色板，你会发现盘面看上去变成了白色。

阳光与物体的颜色

太阳光是由红、橙、黄、绿、蓝、靛、紫7种单色光组成的。让一束阳光照射三棱镜，你会发现光通过三棱镜后，显出一条绚丽无比的七色光带。不透明物体的颜色由它反射的光线颜色决定。若物体将阳光中的7种色光都反射，则物体呈白色；反之，将所有色光都吸收，则呈黑色。西红柿只反射红光而吸收了其他色光，所以是红色的。

瓶子和毛巾看起来都是白色的，这是因为它们反射了阳光中的七种色光。

光的三原色依照各种比例组合几乎能形成所有的颜色。如红色和绿色组合可以得到黄色。

三个投光器分别经过三原色滤光器过滤后，将光投射在荧幕上，使其重叠混色，这就是电视的色彩原理。

太阳光从同一个角度进入三棱镜，但不同色光折射出去的角度稍有不同。这样，光就被分离成五颜六色的光束。

光的三原色

白光分解出的七色光中只有红、绿、蓝这3种色光是最基本的，其他颜色的光可以用这3种色光混合得到，所以红、蓝、绿被称为光的三原色。事实上自然界中的颜色非常多，这些颜色的形成主要取决于3种原色光所占份额的差异。彩色电视机利用这一原理，采用能发射红、绿、蓝束光的3根电子显像管来显示色彩丰富的图像。

看不见的电

电是能量的一种形式，物体由于某种原因，如摩擦、受热、化学变化等，而失去一部分电子（物体中的一类微粒）或获得额外电子时都会带电。电不仅能用来发热和发光，还可以为各种机器提供能量。电有静电和电流两种。电流通过电线传递。

流动的电子

电线里的这些能够自由移动的带负电的微粒就是电子。电子通过电路定向移动，形成电流，并点亮灯泡，启动电器。

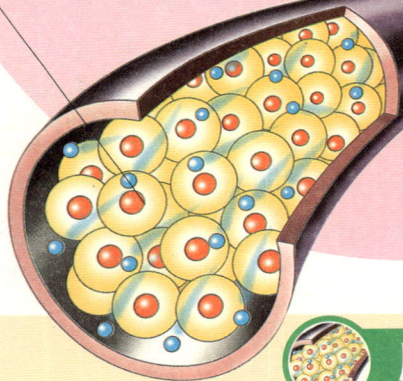

同种电荷相互排斥，异种电荷相互吸引。

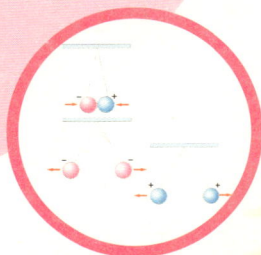

摩擦产生的静电

静电现象就是在干燥的天气里，穿衣或脱衣时冒火花的现象。静电是由物体中的电子转移引起的。物体中若多了一些电子，它就带负电荷；若缺少了一些电子，它就带正电荷。当气球与布相摩擦时，电子就会由布转移到气球上，气球就带有较多的负电荷，而布因失去了电子而带正电荷。正负不同的电荷总要相互吸引，于是布就会吸附在气球上。

当人触摸静电器时，电子会通过手传到发梢，发梢由于带同种电荷互相排斥，使头发都竖起来。

变压器

将电能或电信号从一个电路传递到另一个电路，电流就可以沿着电线进入每个家庭中。

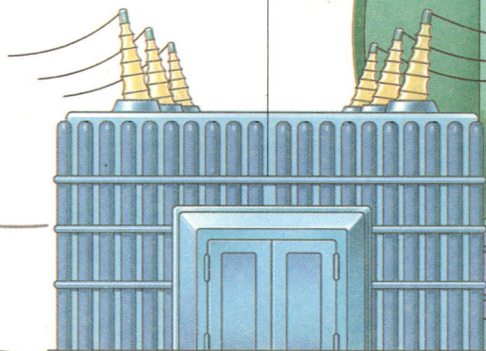

发电厂

把其他种类的能源，如煤、石油、天然气、水力等转变成电。

电塔

电塔把输送电力的电缆高高地举在空中，使它们远离地面，确保安全。

制造电流

我们日常所使用的电并不是自然界本来就存在的，而是制造出来的，它们是一种流动的电，都来自发电厂。根据发电所使用的机械能形式的不同，发电方式可以分为水力发电、火力发电、风力发电、核能发电等。无论是哪种发电方式，都要有发电机。通俗地说，发电机就是强迫电子沿着电线移动的电力机器，用于产生电流。

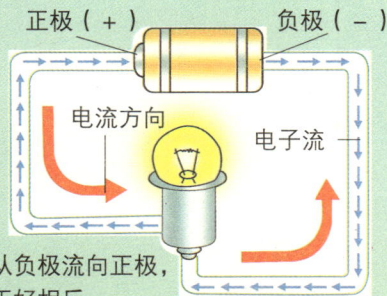

正极（＋）　　　负极（－）

电流方向　　　电子流

电子从负极流向正极，电流方向正好相反。

通过摩擦，带电的铁制品会吸引液滴等较小的物体，使其发生偏转。

151

会隐身的磁

磁铁是一种含磁的物体，它围绕导线不断旋转，可使导线里产生电流。当然，电流通过导线也会产生磁场。如果用通电的导线缠绕一块铁，铁就会变成能产生强大磁场的电磁体。此外，人们还利用电磁关系发明了用处很大的无线电。

无线电波

无线电波一般指波长1×10^5米到0.75毫米的电磁波。无线电广播、无线电通信、卫星、雷达等都依靠无线电波的传播来实现。

微波

它是波长极短、能量很大的波。微波炉和雷达用的就是这种波。

红外线

虽然我们用肉眼看不到红外线，但却能感觉到它的热度。它可以用来在黑暗中拍照。

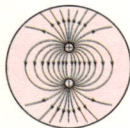

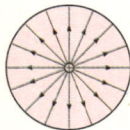

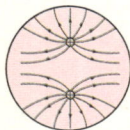

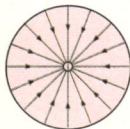

电场的方向和强弱可以用电场线来表示。

电场和磁场

在我们的周围有很多磁体。比如磁铁、计算机的存储磁盘。科学研究证明，带电体周围的空间跟不带电体周围的空间并不相同，带电体周围的空间存在电场；同样，磁体之间的相互作用也是通过磁场而发生的。电场和磁场都是物质存在的特殊形态，看不见，摸不着，它们只是在跟电荷或磁体发生作用时，才表现出各自的特性。

可见光
我们的眼睛可以感觉到的光。

电磁波

电场和磁场的联系十分紧密，因此我们常常把电场和磁场总称为电磁场。科学家对电磁场的研究导致了电磁波的发现。原来，当变化的电场和变化的磁场交替产生时，空间会形成由近及远向外传播的电磁波。我们从收音机里听到的声音，从电视机屏幕上看到的图像，都是由广播电台和电视台发射的电磁波传送的。

紫外线

紫外线有杀菌消毒的作用，但强烈的紫外线对人体健康极为有害。

X 射线

X 射线能穿透肌肉组织，但却能被牙齿和骨骼吸收，使它们在 X 光片上清晰地呈现出来。

γ 射线

在医学上，γ 射线可以确定肿瘤的精确位置，并杀灭病菌。

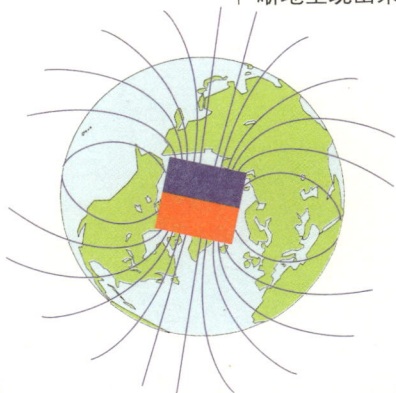

地球表面充斥着各种电磁波。

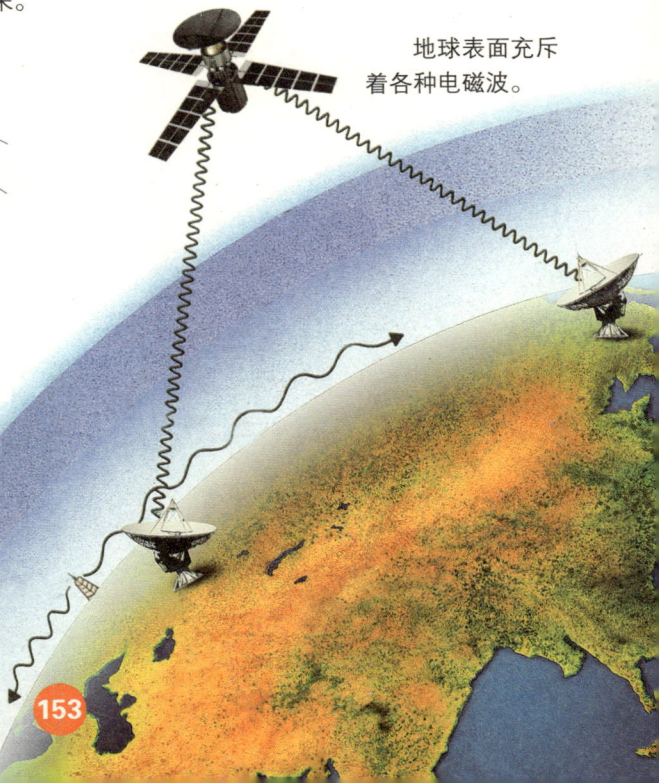

地球本身也是一个大的磁体。每个磁体在其靠近末端的地方都会有两极：磁南极(S极)和磁北极(N极)。

第六章

STUDENTS BOOKS

神奇科技

SHENQI KEJI

在我们的生活中，科学技术之手已触及到了我们身边的每一寸空间：建筑技术创造出城市中比肩接踵的楼宇大厦；纺织技术令我们的衣着服饰华美无比；清洁高效的能源被源源不断地开发出来并投入应用；影像技术、信息技术、通信技术大大改变了我们的视听世界……科技来源于生活，也服务生活。翻开本章，去领略科技的神奇之处吧！

直冲云霄的建筑技术

人类最早的房子是用石头、树枝、茅草和泥巴搭盖起来的，后来渐渐发展出现了砖砌结构的房屋。现在，随着新材料的不断发明和建筑技术的不断提高，摩天大楼等高大的现代建筑纷纷出现。那么，越建越高的建筑物是凭借什么直冲云霄的呢?

现代建筑材料

科学的进步使建筑材料与古代有了很大的不同。现代的建筑材料采用了钢、铁、铝、玻璃、水泥、塑料等结实耐用的新型材料。其中，水泥最重要，由石头加工而成的，呈粉状。水泥在加水凝固后会变硬，并且年代越久越硬。将水泥与沙子、石块一起加水拌和就做成了混凝土，如果在混凝土中加入钢筋，就可以增加混凝土的强度。

摩天大楼的建成与现代建筑材料的出现有很大关系。

马来西亚吉隆坡的双子塔是游客从云端俯视整个城市的好地方。

建筑物的基本结构

　　建筑物底部都有一个深入地下的坚实地基；地面以上的部分为建筑物的主体结构，被多层钢架支撑着，由混凝土构筑而成，墙体上留有门窗的空洞；建筑物一般都有密封的顶部，用以防风挡雨。现在，很多建筑物都会用到网架结构，如运动场馆中的屋顶多采用网架结构，以保证建筑物轻盈、美观和采光的需要。

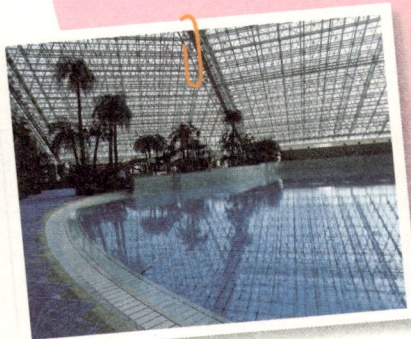

　　网架结构是用许多短钢管组成的网状结构，如不少游泳馆的墙体就是网架结构。

建筑材料

　　建筑材料的功能有保温、隔热、隔音、防潮、防雨、防火、抗震、利用太阳能等。

楼板

　　楼板承受竖直方向的重量并将它传给框架，将水平方向的力传到各个柱子。因此，楼板平面内的抗变形能力、整体性和承载力十分重要。

外饰

　　建筑外部装饰品的应用是21世纪建筑物的一个重要特征。常用的外饰材料有石膏、低辐射玻璃等。

剪力墙

　　多数剪力墙都是钢筋混凝土墙，它能承受大部分的水平力，具有很好的抗震效果。

混凝土基础

　　高层建筑的地基非常重要。如果地基处理不好，大楼造好后，这部分在重压下就会发生结构下降，造成楼体变形，严重的甚至会倒塌。

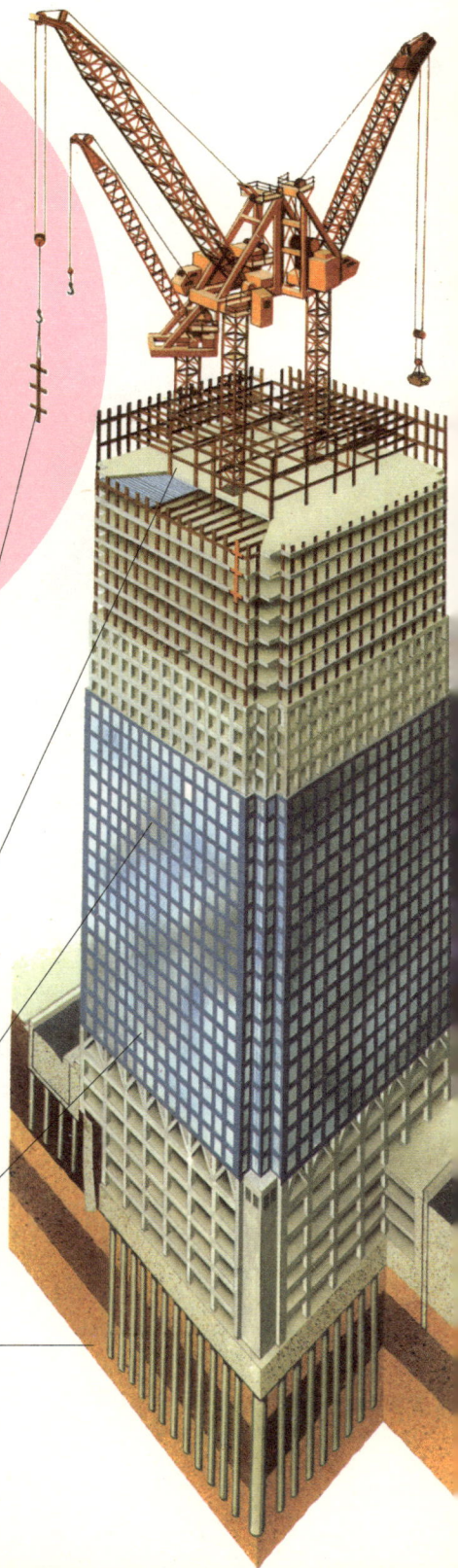

身边的清洁能源

我们现在常用的能源主要有煤、石油、天然气等。这些能源在一定程度上会产生污染，而且不会再生。其实，我们身边有着无穷无尽的清洁能源，如太阳能、海洋能、风能、氢能、地热能等，其中以太阳能最清洁。清洁能源的利用前景十分广阔。

这是世界上第一座太阳能发电站，它利用反射的太阳光把水烧至沸腾，然后再用水蒸气推动汽轮机来发电。

机电设备

机电设备是将水能转变为电能的机电动力设备。通常由水轮机和涡轮发电机组成水轮发电机组。

水库

水库一般建在山谷、河道或低洼地区，以提供足够的水力资源。水库的高位水经引水系统流入厂房，推动水轮发电机组发出电能，再经变压器、开关站和输电线路输入电网。

闸门

闸门是用于关闭和开放泄水道的控制设施，可用以拦截水流，以便控制水位、调节流量、排放泥沙和漂浮物等。

水坝

常见的水坝主要有混凝土坝和土石坝。

泄洪道

泄洪道不经常工作，但却是水库枢纽中的重要建筑物。

引水系统

水电站引水系统建筑物可采用渠道、隧洞或压力钢管。引水建筑物将水流导入水轮机，水流经涡轮机和尾水道进入下游。

风能和水能

风是人类最早使用的一种能源。风车就是人类利用风能的工具。很早以前，风车主要用于抽水灌溉、磨米磨面等工作。现在，风车作为发电的装置被重新利用起来。水是人类离不开的能源，除了被用来饮用、洗涤和灌溉外，也可以用来发电。此外，海洋中蕴藏着无穷的能量：海浪、潮汐、海流和洋流都是可以被利用的巨大能量。

风车可以把风能转化为动能，是人类利用风能的最好说明。

太阳能电池可将太阳能转化为电能。

太阳能

太阳蕴藏着巨大的能量，并不停地向四处释放能量。地球上几乎所有的能源都来自太阳能。因此，太阳是人类的"能源之母"。太阳能是一种十分广阔的廉价而无污染的可再生能源，它正日益受到各国的重视和利用，许多国家的科学家们都在努力研制用来发电、取暖、供水以及其他各种用途的太阳能动力装置。

厂房

水电站厂房包括安装水轮发电机组或抽水蓄能机组和各种辅助设备的主机室，以及组装、检修设备的装配场，另外还建有供水电站操作人员工作、生活的副厂房。为了将电厂生产的电能输入电网，水电站还要修建开关站。

图书在版编目（CIP）数据

中国青少年科学探索大百科 / 龚勋编著．－北京：
人民武警出版社，2012.5
（中国青少年枕边书）
ISBN 978-7-80176-815-5

Ⅰ．①中… Ⅱ．①龚… Ⅲ．①科学探索－青年读物②
科学探索－少年读物 Ⅳ．①N49

中国版本图书馆CIP数据核字（2012）第088638号

中国青少年科学探索大百科

主编： 龚勋

出版发行： 人民武警出版社

　　社址：（100089）北京市西三环北路1号

　　发行部电话：010-68795350

经销： 新华书店

印制： 北京楠萍印刷有限公司

开本： 787×1092　1/16

字数： 150千字

印张： 10

版次： 2012年5月第1版

印次： 2012年5月第1次印刷

书号： ISBN 978-7-80176-815-5

定价： 29.80元